석학
人文
강좌
16

중국신화의 세계

상상력, 이미지, 스토리

석학人文강좌 **16**
중국신화의 세계
상상력, 이미지, 스토리

2011년 12월 30일   초판 1쇄 발행

지은이	정재서
펴낸이	한철희
펴낸곳	돌베개
책임편집	이경아 · 최혜리
편집	소은주 · 권영민 · 이현화 · 김태권 · 김진구 · 김혜영
디자인	이은정 · 박정영
디자인기획	민진기디자인

등록	1979년 8월 25일 제406-2003-018호
주소	(413-756) 경기도 파주시 교하읍 문발리 파주출판도시 532-4
전화	(031) 955-5020
팩스	(031) 955-5050
홈페이지	www.dolbegae.com
전자우편	book@dolbegae.co.kr

ISBN 978-89-7199-456-6 94210
ISBN 978-89-7199-331-6 (세트)

이 저서는 '한국연구재단 석학과 함께하는 인문강좌'의 지원을 받아 출판된 책입니다.

석학人文강좌
16

중국신화의 세계

상상력, 이미지, 스토리

정재서 지음

돌베
개

책머리에

　상상력, 이미지, 스토리의 원천으로서 신화에 대한 관심이 고조되고 있는 이즈음 동아시아 신화에서 가장 큰 비중을 차지하는 중국신화에 대한 이해는 긴요하다 하지 않을 수 없다. 근대 이후 중국신화는 망각되었지만 과거 우리에게 그것은 남의 것이 아니라 공유하는 자산 같은 것이었다. 다시 말해서 중국신화는 특정한 민족이나 지역의 신화에 머무르지 않는다. 마치 그리스신화가 그리스라는 민족과 지역을 넘어 유럽 문화의 모태가 되었듯이 중국신화는 동아시아 문화의 원천이라고 말할 수 있기 때문이다. 이러한 사실은 우리 문화에 남아 있는 중국신화의 흔적을 살펴보면 금방 확인된다. 멀리 고구려 고분 벽화에 표현된 삼족오三足烏라든가, 인면조人面鳥 등의 신수神獸, 염제炎帝 신농씨神農氏와 같은 신들, 그리고 지금까지 지켜지고 있는, 제사상에 복숭아를 놓지 않는 습속 등에 이르기까지 또는 한국의 문헌신화와 무속신화에서 중국신화와 공유하고 있는 많은 요소들로부터, 중국신화가 결코 우리 문화와 떨어져 존재했던 것이 아니라는 것을 쉽사리 알 수 있다. 따라서 동아시아 문화의 원천인 중국신화에 대한 이해는 우리 문화의 뿌리를 확인하는 길일 뿐만 아니라, 그리스신화 등 서양의 상상력이 표준이 된 현실에 다양성을 부여하고 균형을 잡아 주는 일이 될 것이다.

이 책에서는 독자들이 종래의 평면적이고 나열식인 설명을 벗어나 오늘날의 중요한 인문학적 아이템들인 상상력, 이미지, 스토리, 그리고 한국 문화와의 관련 속에서 중국신화를 보다 역동적으로 이해할 수 있도록 전체 내용을 크게 중국신화의 상상세계, 중국신화와 이미지, 중국신화의 소설적 수용, 중국신화와 한국 문화라는 네 가지 주제로 나누어 서술하였다. 모쪼록 독자들이 이 책을 통해 서양 신화와는 다른 우리 동아시아 신화의 색다른 풍미와 고유한 가치를 발견하게 되길 기대한다.

끝으로 난삽하고 고답적인 학문 세계를 대중들과 함께 느끼고 향유할 수 있도록 기회를 마련해 준 한국연구재단의 '석학과 함께하는 인문강좌' 기획 팀에 감사를 드린다. 지금도 맨 앞줄에서 경청하시던 팔순이 넘은 노객老客의 진지한 눈빛을 잊을 수 없다. 아울러 강연 기간 동안 토론에 참여하여 지적 자극을 주신 전호태, 최혜실, 김일권, 임태승 교수 제위께 심심한 사의謝意를 표한다. 그리고 강연 준비를 도와준 이규림, 최수형, 기은주, 곽희경 등 이화여대 중문과 조교들의 수고와, 원고를 오래도록 기다려 준 돌베개 편집부의 노고에도 깊은 고마움의 뜻을 전한다.

2011년 세밑
큰고개 연구실에서
저자 드림

차례

책머리에 004

1장 | 신화란 무엇인가?
   1 신화의 어원과 본질   011
   2 이야기 장르로서의 신화와 그 연구 동향   015
   3 신화의 인문학적 가치와 효용   019

2장 | 중국신화란 무엇인가?
   1 중국신화의 범주와 계통   025
   2 중국신화의 자료   029

3장 | 중국신화의 상상세계
   1 창조신화의 상상세계   037
   2 영웅신화의 상상세계   043
   3 자연신화의 상상세계   049
   4 중국신화의 상상력과 그 정치성   053

4장 | 중국신화와 이미지
   1 이미지의 요람 『산해경』   071
   2 중국신화 이미지와 몸   083

3 　중국신화 이미지의 역사적 변천 —————— 088

4 　중국신화 이미지의 힘 —————— 100

5장 | 중국신화의 소설적 수용

1 　신화와 스토리텔링 —————— 117

2 　신화에서 소설로―중국 고전소설의 흐름 —————— 120

3 　중국신화와 지괴志怪 —————— 130

4 　중국신화와 전기傳奇 —————— 138

5 　중국신화와 백화소설白話小說 —————— 145

6장 | 중국신화와 한국 문화

1 　중국신화에 표현된 한국 문화 —————— 163

2 　중국신화가 한국 문학에 미친 영향 —————— 168

3 　중국신화가 한국 민속에 미친 영향 —————— 176

4 　고고·미술 자료에 표현된 중국신화 —————— 181

7장 | 결론

—————— 195

찾아보기 201

1장

—

신화란 무엇인가?

1. 신화의 어원과 본질

'신화'神話라는 말은 어원학적으로 고대 그리스어의 '뮈토스' mythos에서 유래한다. 뮈토스에는 '권위 있는 말', '이야기', '플롯'이라는 의미가 있었다. 즉 뮈토스는 권위와 힘을 가진 자의 진실된 말을 의미했다. 고대 그리스어에서 뮈토스와 대립되는 의미를 지닌 용어로는 '로고스'logos가 있었다. 로고스는 사회적 지위가 낮은 자의 간교한 말이라는 의미로 사용되었다. 초기에는 이처럼 뮈토스에 오늘날 신화에 부여하는 '꾸며낸 이야기'로서의 의미가 없었다. 그러나 민주주의의 발달로 웅변술이 중시되고 산문의 중요성이 부각되면서 점차 논쟁의 언어인 로고스가 시적 언어인 뮈토스보다 높은 권위를 지닌 이성적이고 논리적인 언어라는 의미로 사용되었다. 그리스 이후 로마 시대에 들어오면 실용주의적 관념이 보편화됨에 따라 신화의 의미는 더욱 허구성을 띠게 된다. 이 시기에 신화는 '파불라' fabula라는 말로 표현되었는데, 이것은 '허황된 이야기'라는 의미로서 로마 시대에 이르러 신화의 권위가 추락했음을 단적으로 보여 준다. 계몽주의, 실증주의가 풍미했던 근대 이후 현대에 이르기까지 신화를 뜻하는 '미스'myth라는 영어 단어는 '꾸며낸 이야기', '비과학적인 이야기'에서부터 심지어는 '미개인의 이야기', '기적 같은 일'을 의미하기도 하였다. 아울러 이로부터 파생된 '미솔로지'mythology는 단수로서의 개별 신화인 '미스'에 대하여 신화의 집합, 즉 신화집이나 신화의 계통, 체계 등을 뜻하기도 하고 신화를 연구하는 학문인 신화학을 말하기도 한다. '미스'는 일본에서 처음 '신화'神話로 번역된 이래 같은 한자 문화권인 한국과 중국에서도 습용襲用하고 있다. 간혹 중국에서 '미스'를 음역音譯하여 '迷思'(미사)라고 쓰기도 하나 일반적인 용례는 아니다.

신화의 본질에 대한 정의는 다양하여 한마디로 규정하기는 어렵다. 일단 주목해야 할 것은 신화가 이야기의 외형을 취하고 있다는 사실이다. 그리고 그 이야기는 아주 오래되고 신성하다는 점에서 다른 이야기들과 구별된다. 오래된 이야기인 신화에는 원시인류의 세계에 대한 최초의 인식과 이해가 담겨 있다. 즉 태초에 천지자연이 어떻게 형성되었는지, 신과 인간이 어떻게 탄생했는지, 사물이 어떻게 생겨났는지에 대해 원시인류는 그들만의 독특한 감수성에 바탕을 둔 언어로 설명했던 것이다. 이렇게 볼 때 오래된 이야기인 신화는 특히 창조와 기원에 대해 이야기하고 있다는 점에서 다른 이야기들과 구별된다. 한편 자연에 대한 인식, 신과 인간에 대한 이해를 담고 있는 신화는 현실적으로 원시인류에게는 오늘날의 자연과학과 인문과학, 사회과학을 포괄하는 커다란 지식 체계이기도 했다.

신성한 이야기인 신화는 태초에 신들에 의해 행해졌던 창조의 일들에 관해 말하고 있다. 종교학자 엘리아데Mircea Eliade(1907~1986)에 의하면, 태초에 이루어진 신성한 일들은 결코 일회적인 것이 아니라 영원히 반복되어야 할 모범적이고 근원적인 행위이다. 인간은 제의 祭儀를 통해 태초의 신성한 행위를 재현함으로써 창조의 그 순간으로 돌아가 잃어버린 우주적 힘을 획득한다. 신화는 이러한 의미에서 결코 죽은 이야기가 아니며, 지금도 끊임없이 살아서 인간 행위의 근원적 모델로서 기능하는 신성한 이야기이다.

근원적인 모델이라는 신화의 고유한 특징은 심리학적 입장에서도 설명된 바 있다. 신화에 표현된 원시인류의 원초적 욕망은 현대인의 무의식에 남아 있다. 심리학자 융Carl G. Jung(1875~1961)은 인간의 가장 원초적인 행동 유형을 원형이라 부르고 이러한 원형들로 이루어진 무의식을 집단무의식이라고 불렀는데, 이것은 시간과 공간을 넘어 반복될 수 있는 틀과 같은 것이다. 신화의 내용은 주로 이 집단무의식으로 구성되어 있다. 이것 또한 신화의 본질적인 특징이라고 할 수 있다.

신화의 본질적인 특징은 신화가 현실적으로 어떻게 작용을 하는가 하는 측면에서도 찾아볼 수 있다. 인류학자 레비스트로스Claude Lévi-Strauss(1908~2009)는 신화가 인간의 출생이나 삶 혹은 죽음에서 비롯한 근원적이고도 심각한 갈등을 매개, 조정하는 기능을 지녔다고 보았다. 신화의 구조는 대립되는 한 쌍의 의미에 의해 지탱된다. 신화는 이러한 갈등 구조에서 비롯한 긴장과 고뇌를 이야기의 과정을 통해 해소하고 승화시키는 역할을 하기도 한다. 보다 현실적인 측면에서 신화는 한 집단이나 사회의 구성원을 단합시키고 일체감과 정체성을 갖게 하는 데에 중요한 기능을 한다. 인류학자 말리노프스키Bronis Malinowski(1884~1942)는 신화의 이러한 기능에 주목하여 신화가 '아주 중요한 문화적 힘'을 지녔다고 주장했는데, 신화는 한 사회의 전통의 근원을 고차원적이고 초자연적인 태초의 사건으로 소급함으로써 그 전통에 더 큰 가치와 특권을 부여해 주는 기능을 하는 것이다.

신화는 나아가 심오한 진리나 인생의 비의秘義를 간직한 이야기로 간주되기도 한다. 일찍이 신화의 우의적 해석을 옹호했던 신플라톤주의Neoplatonism에서는 신화를 이데아의 표현으로 보아 깊은 형이상학적 진리를 담은 이야기로 보았다. 창시자인 플로티노스Plotinos (205?~270)는 신화가 시간을 초월한 현실을 시간 속 사건의 형태로 묘사한다고 주장하였다. 현대의 신화학자 캠벨Joseph Campbell(1904~1987)도 비슷한 관점에서 신화로부터 도덕적 교훈이나 우주적 진리 등을 끌어내려는 시도를 한 바 있다.

2. 이야기 장르로서의 신화와 그 연구 동향

신화와 비슷한 의미와 용례를 지닌 어휘들로는 설화說話, 전설傳說(Legend), 민담民譚(Folktale), 선화仙話 등이 있다. 먼저 설화는 모든 옛 이야기를 포괄하는 넓은 개념의 이야기를 뜻한다. 설화는 보통 신화, 전설, 민담의 셋으로 나뉘는데, 이것을 설화 삼분법이라고 한다. 설화 삼분법은 그림Grimm 형제(Jacob Grimm, 1785~1863; Wilhelm Grimm, 1786~1859)에 의해 처음으로 시도되었다. 신화, 전설, 민담은 함께 설화의 범주에 속해 있으면서 각기 다른 특징을 지닌다. 신화는 신과 영웅 등 초자연적 존재에 대한 신성한 이야기로서 특정한 시간과 공간이 설정되어 있지 않지만, 전설은 역사적 인물에 대한 이야기로서 시간과 공간이 배경에 깔려 있다. 민담은 신화와 마찬가지로 특정한 시간과 공간을 배경으로 하고 있지는 않지만 평범한 사람들에 관한 옛이야기이며 주로 일과 후 밤 시간에 이야기되는 특징이 있다. 흔히 말하는 '옛날이야기'가 이것이다. 마지막으로 선화는 동아시아의 고유한 설화 형태로서 신선神仙이라는 불사不死의 존재에 관한 이야기이다. 불사라는 신화적 모티프와 상관되고 신기한 도술, 괴이한 현상, 신, 괴물 등에 대해 이야기하고 있지만 역사시대 이후의 도교적

인물에 대한 전기 형식이므로 신화와는 구별된다. 설화 삼분법에 의한 신화 규정은 주로 서구의 문화적 배경을 바탕으로 성립된 것이기 때문에 그 유효성에 대해 논란의 여지가 있다. 근래의 조사에 의하면 상당수의 종족이 신화와 전설을 엄격하게 구별하지 않는 것으로 알려졌다. 동아시아 설화도 신화와 역사 이야기가 겹치는 경우가 많아 설화 삼분법을 적용하여 순수한 신화로 규정하기 어려운 것이 현실이다. 따라서 무차별적으로 전 세계의 이야기에 설화 삼분법을 적용하는 것은 무리가 있으며 각 민족의 이야기 풍토에 따라 신화, 전설, 민담의 구분이 이루어져야 할 것이다.

　신화에 대한 연구, 즉 신화학은 이미 그리스 시대부터 태동했다. 그리스의 철학자들은 표면상 비도덕적으로 보이는 그리스신화들을 우의寓意(allegory)적인 것으로 해석하여 그 속에 진실한 의미가 숨어 있다고 간주하였고, 이러한 연구 방식은 중세와 르네상스 시기에 이르기까지 지배적이었다. 근대 이후 신화학은 우의설을 벗어나 다양한 관점으로 꽃을 피운다. 근대 초기 유럽어와 인도어의 비교에 바탕을 둔 '언어질병설'이라는 신화기원론과, 모든 신화의 본질을 태양으로 환원시킨 '태양신화학' 등을 제기한 막스 뮐러Max Müller(1823~1900)의 비교신화학으로부터, 주술-종교-과학의 발전 도식에 입각하여 신화를 미개한 주술 단계의 산물로 보았던 프레이저J. G. Frazer(1854~1941)의 진화주의적 인류학, 신화를 '참된 이야기'로 규정하고 '성聖과 속俗'의 개념을 제시한 엘리아데의 비교종교학, 신화를 유아기의 꿈과 같이 보고 오이디푸스 콤플렉스의 개념을 도출한 프로이트Sigmund Freud(1856~1939), 신화를 '원형'Archetype의 집적인 '집단무의식'의 산물로 본 융 등의 심리학적 신화론, 사회 구조를 강화하고 영속화하는 신화의 기능과 힘에 주목한 말리노프스키의 기능주의 신화론, 모든 신화가 제의祭儀에서 유래한다는 입장인 해리슨 Jane Harrison(1850~1928)의 제의학파 신화론, 신화를 언어 구조의 측면에서 파악하여 '신화소'神話素와 '이항구조'二項構造 등을 추출한 후 심층 의미를 드러내고자 한 레비스트로스의 구조주의 인류학, 이른바 '신화의 귀환'을 운위하며 신화를 풍요로운 상징 기호의 차원에서 파악하고자 한 뒤랑Gilbert Durand(1921~)의 상상력 이론, 신화를 사회적 중요성을 지닌 어떤 것에 대해 2차적으로 언급하는 발화 행위로 정의한 바르트Roland Barthes(1915~1980), 신화를 이데올로기적 체계로 간주하는 링컨Bruce Lincoln(1948~) 등의 후기 구조주의 신화론에 이르기까지 신화 연구는 변화와 발전을 거듭해 왔다. 국내의 경우 일제강점기에 최남선崔南善(1890~1957)이 비교신화학파의 관점을 원용, 한국신화와 동북아신화 및 세계 신화와의 비교를 통하여 '불함문화론'不咸文化論을 제창한 바 있고 이후 프레이저, 엘리아데, 레비스트로스, 융 등의 관점이 한국신화 연구에 적극 원용되어 왔다. 최근 국내의 신화 연구는 한국신화 연구의 경우 자료의 폭이 넓어졌고 타 신화와의 비교 연구가 많아졌으며, 외국 신화 연구의 경우 중국신화, 일본신화, 몽골신화 등의 동북아신화는 물론 그리스신화, 인도신화, 이집트신화, 중동신화 등에까지 연구 범위를 확대해 가는 추세에 있다. 아울러 중국신화, 한국신화 등을 중심으로 종래 그리스신화를 표준으로 한 일반 신화학의 논리에서 벗어나 동아시아 신화학을 정립하려는 노력도 주목할 만한 현상이다.

3. 신화의 인문학적 가치와 효용

신화는 인간과 자연의 교감을 바탕으로 성립된 이야기이다. 원시 인류에게 자연은 극복해야 할 대상이기 이전에 안식과 평안을 주는 어머니 같은 존재였다. 인간은 자연을 경외하는 한편 동화되기를 소망했는데, 이러한 심리는 초기 신화에서 반인반수半人半獸의 동물 형상으로 표현되었다. 인간은 자연의 화신인 동물과 하나가 될 때 완전하다고 생각했기에 반인반수는 결코 괴물이 아니라 신성한 존재였던 것이다. 신화시대를 지나 인간이 중심에 서게 된 역사시대 이후 인간은 점차 자연과의 교감을 상실하고 마침내 근대에 이르면 자연을 지배, 이용의 대상으로 간주하여 앞서의 신화적 사고는 미개한 동물적 사고로 폄하된다. 그러나 근대 이후 자연과 단절하고 과학이 독주한 결과 오늘날 인류는 인간성 상실, 환경 위기 등에 직면하여 존립이 위태로운 지경에 이르렀다. 신화는 이러한 시점에서 합리주의, 이성주의로 인해 메마른 심성에 따뜻한 감성을 부여하고 자연과의 일체감을 불러일으킴으로써 인간과 자연의 조화와 공존을 도모하는 생태주의적 사고를 진작한다. 그리하여 궁극적으로 신화는 감성의 인문학을 창출하는 데 기여하게 될 것이다.

신화가 처음 이야기되던 시기에는 가부장적 권위가 모든 인간관계를 지배하지 않았다. 따라서 초기 신화 속의 여성은 수동적인 역할만을 하는 제한된 능력의 소유자가 아니었다. 생식과 양육의 능력으로 인해 남성에 비해 자연과 보다 친화적인 관계에 있던 여성은 신화 속에서 오히려 더욱 우월한 지위를 차지한다. 예컨대 초기 신화에서 우주의 창조, 인류의 탄생을 이야기할 때 남신은 등장하지 않으며 위대한 여신, 곧 대모신大母神이 모든 것을 주관한다. 아울러 여신의 능력은 창조, 치유, 생산 등 여성의 신체적 속성과 관련된 고유한 분야뿐만 아니라 지혜, 전쟁, 죽음, 형벌 등 다양한 영역에까지 이름으로써 오늘날의 고착된 성 역할을 훨씬 초월한다. 신화는 따라서 양성 평등주의에 상당한 기초를 제공하며, 기존의 가부장적 경향의 인문학에 대해 시정을 촉구하게 될 것이다.

　　신화의 세계를 작동시키는 것은 특권적인 힘이 아니라 만물의 이면에 흐르는 우주적인 에너지, 주술적인 기운이다. 이 생기론적인 세계관에 따라 우주 만물은 언제든 자리바꿈할 수 있는 가변적 존재로서의 본질을 벗어나지 못한다. 인간은 영원히 인간이 아니며 동물은 영원히 동물이 아닌 것이다. 변신과 승화는 신화 속의 다양한 양상을 추동하는 동력이다. 이들 동력의 지배를 받는 한, 인간을 비롯한 만물은 고정된 실체가 아니라 무한한 변화의 가능성을 내장한 존재라는 점에서 평등하다. 이러한 신화적 세계관은 인간만이 가치 있는 존재인 양 생각해 온 오만한 인본주의에 대해 반성의 여지를 제공하게 될 것이다.

요컨대 신화 속에 담긴 자연과의 조화를 추구하는 정신, 양성 평등적 성향, 생기론적 세계관 등은 기존의 인문학이 지녔던 인간 대 자연, 남성 대 여성, 인간 대 사물의 대립 구조 내지 위계질서를 해체하고, 포용적인 자세로 가일층 높은 차원의 인문학을 지향함에 있어 충분하고도 유용한 시사를 줄 수 있을 것이다.

　신화는 아울러 오늘의 문화를 일궈 나가는 데에도 큰 효용을 지닌다. 인류의 원초적인 욕망과 사유의 산물인 신화는 상상력의 원천이다. 상상력은 순간적인 두뇌 회전에 의해 생산되기보다는 인문학 고전에 대한 소양에서 비롯한다. 그런데 고전 중의 가장 오래된 고전이 신화이다. 다시 말해서 오늘날 세상에 퍼져 있는 상상력의 뿌리가 신화인 것이다. 상상력은 합리주의와 실증주의를 신봉했던 근대에 이르러 애매하고 불안정한 생각으로 폄하되거나 심지어는 불온하게 여겨지기도 했다. 그러나 오늘날 '상상하는 동물'로서의 인간의 특징이 긍정되고 '상상하는 힘', 곧 상상력이 창조의 능력으로 간주되면서 종래 백일몽으로 여겨졌던 상상력은 재평가된 지 오래이다.

　이미지는 인간 존재성과 밀접한 관련이 있다. 신의 형상을 좇아 인간이 만들어졌다는 신화적 언술에서 이미 인간은 이미지 그 자체임을 알게 된다. 신화에는 인류가 뇌리에 떠올린 가장 오래된 이미지들이 저장되어 있다. 이러한 이미지도 근대에 들어와 폄하되기는 마찬가지였다. 이미지가 실체를 호도한다는 편견으로 인해 그것이 현실에 미치는 엄청난 힘과 생산적 효과를 간과 혹은 외면했던 것이다. 그러나 정보 매체 방면에서 일어난 미증유의 변혁은, 싫든 좋든 '이미지'라는 인간 존재의 본질을 예증하고 있다.

인간은 태어나서 스토리를 통해 세계를 인식하고 자신의 존재를 자각한다. 스토리의 기능이 미치는 범위는 개인에 국한되지 않는다. 근대국가가 스토리, 곧 서사에 의해 정체성을 확보하게 되었다는 것은 잘 알려진 가설이다. 이러한 스토리의 원조가 신화임은 두말할 나위가 없다. 가장 오래된 스토리인 신화는 오늘날의 스토리가 갖는 모든 작용을 예시한다. 스토리 역시 한때 비논리성, 사실성의 결여 등으로 인해 진지한 담론의 영역에서 배제된 적이 있었다. 그러나 오늘날 모든 분야에서 '이야기하기', 곧 '스토리텔링'의 중요성이 그 어느 때보다도 커지고 주목하는 바가 되어 있음은 주지의 사실이다.

상상력, 이미지, 스토리 이 세 가지는 당대 문화에서 크게 대두하고 있는 인문학적 아이템들이다. 그리고 이것들의 가장 오래된 원형은 신화에 있다. 신화에 대한 탐구를 통해 오늘날 가장 풍미하고 있는 인문학적 아이템들의 본질, 작용, 기능 등을 파악하는 일은, 현실 문화에 대처할 수 있는 효과적인 방안을 모색하고 나아가 기존의 인문학에 대해 창신創新의 기운을 불어넣는 데 꼭 필요한 일이라 할 것이다.

2장

—

중국신화란 무엇인가?

1. 중국신화의 범주와 계통

　세계 각 민족은 각자 고유의 신화를 갖고 있다. 중국도 예외는 아니나 중국은 단일한 민족 구성체가 아니므로 이때의 중국은 민족 개념이 아닌 국가 혹은 지역 개념으로 이해해야 한다. 즉 우리가 중국신화를 말한다면 그것은 한국신화나 일본신화처럼 비교적 단일한 민족 신화를 의미하는 것이 아니라 중국이라는 광활한 지역에 살고 있는 다양한 민족들의 신화 전체를 뜻하는 것이다. 중국 대륙에는 오늘날 중심 민족인 한족漢族을 비롯해 만주족, 몽고족, 위구르족, 회족回族, 장족藏族, 묘족苗族 등 55종의 소수민족이 살고 있다. 다시 말해 중국신화란 한족을 비롯한 소수민족 전체의 신화를 아울러 말하는 것이다. 물론 범위를 좁혀서 말한다면 중국 총인구의 93%를 차지하고 있는 한족 사이에서 구전되어 오거나 문헌상으로 전해져 오는 신화만을 지칭할 수도 있다. 그러나 그러한 한족 신화일지라도 고대부터 다양한 주변 민족 신화의 영향을 흡수하여 이루어진 것이기 때문에 단일 민족 신화의 개념으로 말하기는 어렵다. 상고시대의 중국 문명은 한족 중심의 통일된 형태가 아니라 다양한 지역 문명이 대등하게 공존하고 있는 형태였다. 근래 고고학적 발굴이 활발히 진행되면서 중국 문명은 우리가 상식적으로 알고 있었던 것처럼 황하黃河 유역에서 기원하여 그 문명이 변방으로 파급되었던 것이 아니라 요녕遼寧이나 장강長江 유역 등 변방의 여러 지역에서도 일찍부터 발달한 문명이 있어서 다원적으로 여러 지역 문명이 결합한 형태라는 사실이 밝혀졌다. 따라서 이러한 상고 문명을 반영하는 중국신화도 결코 한 중심 민족만의 신화가 아니라 다양한 지역 및 주변 민족 신화의 총체로서 파악해야 할 것이다. 결국 위와 같은 관점에서 보면 오늘날 전해져 오는 중국신화는 중국문화뿐만 아니라 동아시아 문화의 원천이기도 함을 알 수 있다.

광활한 대륙을 무대로 형성된 중국신화는 당연히 한 가지 계통의 신화로 이루어져 있지 않다. 다양한 계통의 중국신화는 크게 지역 및 종족에 의해 구분해 볼 수 있다. 이에 의하면 중국신화는 대체로 동방 동이계東夷系 신화와 서방 화하계華夏系 신화, 남방 묘만계苗蠻系 신화의 셋으로 나뉠 수 있다.

첫째, 동방 동이계 신화는 황하 하류 및 산동반도, 요동반도 등 발해만 일대와 동부 해안 지대에 거주하던 동이계 종족 계통의 신화이다. 북방 신화도 대체로 이에 포괄된다. 제준帝俊, 예羿 신화 등이 대표적 예이다. 한국 신화도 이 신화 계통과 긴밀한 관련을 맺고 있다.

다음으로, 서방 화하계 신화는 황하 중상류 지역 곧 후대의 이른바 중원 지역에 거주했던, 한족의 선조인 화하계 종족 계통의 신화이다. 황제黃帝 신화가 대표적 예이다. 바로 이 화하계 신화를 근원으로 해서 주周-한漢 왕조로 이어지는 중국 문명의 정통 라인이 성

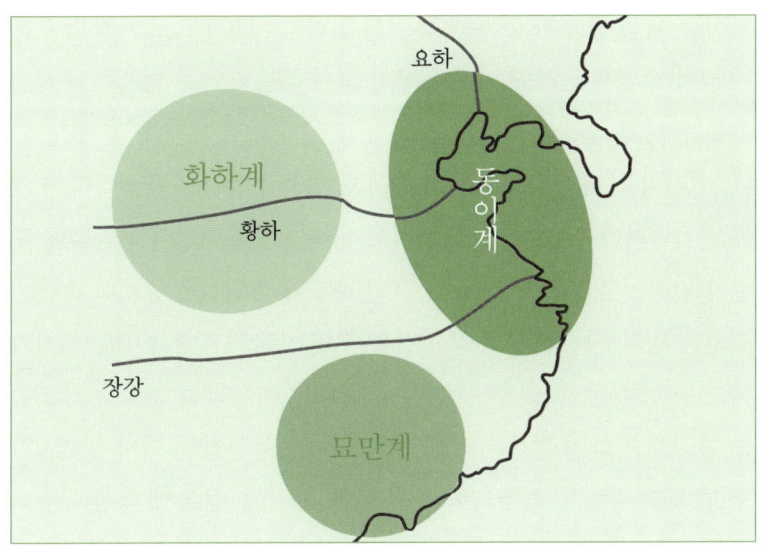

중국신화 계통 지도

립된다.

끝으로, 남방 묘만계 신화는 장강 이남에 거주했던 묘만계 종족 계통의 신화이다. 염제炎帝, 치우蚩尤, 축융祝融 신화 등이 대표적 예이다. 그러나 묘만계 신화는 실상 동이계 종족이 남방으로 이주하면서 형성된 것으로, 크게 보면 동이계 신화와 계통상 차이가 없다고 볼 수도 있다. 실제로 염제와 치우가 활동했던 판천阪泉이나 탁록涿鹿 같은 지역은 산동 일대에 있었으며, 묘족도 원래는 동방에서 살다가 쫓겨서 남방으로 이주한 것으로 알려져 있다. 남방의 가요인 『초사』楚辭에 등장하는 신의 대다수가 동이계에 속하는 신들인 것도 묘만계 신화가 동이계 신화와 본질적으로 같은 계통임을 알려 준다.

이들 세 가지 계통 중 동방 동이계 신화가 내용적으로 가장 풍부하며 남방 묘만계 신화에 미친 영향이 크기 때문에 아주 넓게는 중국신화를 동이계 신화와 화하계 신화의 대립 구조로 파악해 볼 수도 있다. 그러나 문화적으로 화하계 신화의 정신을 계승한 주周나라에 의해 은殷나라가 멸망된 이후, 동이계 신화는 억압되거나 왜곡되어 주변과 민간에 잠복하게 된다. 인간의 제도와 합리성을 중시하고 신비주의를 멀리하는 주 문화의 정신은 후일 중국의 정통 이데올로기가 되는 유교를 낳았고 신비주의를 숭상하고 자연과의 친화를 강조하는 동이계 신화의 정신은 후일 중국의 제도권 문화는 되지 못했지만 무속, 도교 등으로 성립되어 주변 문화 및 기층 문화의 핵심 내용이 되었다. 결국 화하계 신화와 동이계 신화의 정신상의 대립은 후일 유교와 도교라는 양대 문화를 성립시켜 중국문화 나아가 동아시아 문화를 상호 보완적으로 발전시켜 온 셈이라고 볼 수 있다. 유교가 중심주의적이라면 도교는 주변의 가치를 옹호하며, 유교가 현실주의적이라면 도교는 낭만주의적이고, 유교가 가부장적이라면 도교는 친여성적이며, 유교가 인간 중심적이라면 도교는 자연 친화적이고, 유교가 이성적이라면 도교는 감성적이며, 유교가 논리와 사변을 중시한다면 도교는 상상력과 이미지에 비중을 두었다. 그러나 양자는 마치 인간의 의식과 무의식의 양면처럼 떼려야 뗄 수 없는 관계로 공존하면서 중국, 나아가 동아시아 문화를 이룩해 왔다.

2. 중국신화의 자료

 중국신화학에서 연구 대상으로 삼는 신화 자료를 분류하는 방식에는 크게 두 가지가 있다. 한 가지는 종족별 분류로서 중국의 중심민족인 한족漢族의 신화와 중국 경내에 거주하는 이민족인 55개 소수민족의 신화로 나누는 방식이다. 다른 한 가지는 전승 방식에 의한 분류로서 문헌신화와 구전신화로 나누는 방식이다. 그런데 양자의 실제 내용은 거의 일치한다. 왜냐하면 한족 신화는 대개 문헌의 형태로, 소수민족 신화는 구전의 방식으로 전승되어 왔기 때문이다. 물론 일부나마 한족 신화에도 최근 현지 조사를 통한 구전 자료가 있고 소수민족 신화에도 자신들의 고유한 문자로 기록했거나 한족 문헌에 수록된 문헌 자료가 존재한다. 따라서 완전히 동일시할 수는 없지만 이 글에서는 중국 문헌신화의 자료를 살핌에 있어서 한족 신화를 중심으로 다루었음을 미리 밝혀 둔다.

 한족 신화를 중심으로 문헌신화 자료를 살핀다고 할 때 다시 문제가 되는 것은 과연 어느 시기까지의 자료를 신화 자료로서 간주할 수 있느냐 하는 것이다. 이 문제는 후술하게 될 중국신화의 개념 범주문제와도 상관되는 매우 민감한 사안이다. 거시적인 차원에서 신화 자료의 순수성이 비교적 유지되고 있는 한계 시점은 한대漢代 이전까지로 보인다. 한대에 이르러 중국의 정체성이 확립되면서 다원성이 아닌 일원성을 특징으로 하는 신화 체계의 재편이 일어나고 유교가 국가 이데올로기로 채택되면서 역사주의적, 가부장적 차원에서 신화 내용에 대한 본격적인 왜곡이 시작되기 때문이다. 그러나 신화와 역사, 문명과 야만, 정통과 이단이 교차하는 과도기인 한대는 많은 문헌들이 변질을 겪으면서도 여전히 신화의 순수성을 적잖이 간직하고 있다.

다음의 위진남북조魏晉南北朝 시기에 이르러 신화 자료는 당시 발흥한 도교에 의해 보존과 변질의 이중주를 겪는다. 도교는 유교와는 달리 신화 모티프를 잘 계승하여 온존시킨 긍정적인 측면이 크지만 고유의 종교성에 의해 그것을 왜곡한 경우도 적지 않기 때문에 신화 자료를 잘 선별할 필요가 있다. 이 시기의 신화 자료는 주로 지괴志怪 소설에 풍부히 남아 있다.

다음으로 당대唐代는 고대의 마지막 시기라는 점에서 또 하나의 분기점이다. 이 시기 이후 그나마 남아 있던 중국의 정치적, 사상적, 문화적 다양성은 사라진다. 우리는 당대야말로 문헌 자료를 그래도 신화 원전에 가깝게 인식할 수 있는 최후의 시점으로 간주한다.

송대宋代 이후 중국이 중세를 거쳐 근대로 나아가는 도상에서 중국은 일원화되고 국수화되어 정치적, 사상적, 문화적으로 탄력성보다는 경직성을 보여준다. 강력한 유교 이데올로기, 중화주의 등의 관념으로 신화 자료는 거의 제 모습을 유지하기 어려워진다. 다만 이 시기까지는 아직 일실逸失되지 않은 고대 문헌이 존재하고 고증의 기풍이 활발하여 주석가들에 의해 새롭게 발굴된 신화 자료가 적지 않다는 점이 다행스러운 일이라 할 것이다.

마지막으로 시기를 초월한 신화 자료로서 거론해야 할 것은 고고학적 유물 자료이다. 비록 이들은 문헌의 형태는 아니나 문헌 신화 자료를 보충하고 인증하는 데에 더없이 유용한 자료이다. 다음은 각 시대별 중국 문헌신화 자료의 대체적 현황이다.

한대漢代 이전 『산해경』山海經, 『초사』楚辭, 『목천자전』穆天子傳, 『서경』書經 등

한대 『회남자』淮南子, 『풍속통의』風俗通義, 『사기』史記, 『한서』漢書, 각종 위서緯書 등

위진남북조魏晉南北朝 『수신기』搜神記, 『신이경』神異經, 『습유기』拾遺記, 『박물지』博物志, 『술이기』述異記, 『한무내전』漢武內傳, 『동명기』洞冥記, 『해내십주기』海內十洲記, 『유명록』幽明錄 등 지괴 소설과 『삼국지』三國志, 『후한서』後漢書, 『제왕세계』帝王世繫 등

당대唐代 『고경기』古鏡記, 『현괴록』玄怪錄, 『전기』傳奇, 『유양잡조』酉陽雜俎 등 신괴류 전기 소설

송대宋代 이후 청대淸代까지 『태평광기』太平廣記, 『이견지』夷堅志, 『유설』類說, 『노사』路史, 『도장』道藏, 각종 『산해경』山海經 주석서 등

기타 청동기 명문銘文, 화상석畫像石, 벽화, 백화帛畫 등 각종 고고 유물 자료

『산해경』山海經은 어떠한 책인가?

『산해경』은 중국의 대표적인 신화집이다. 대체로 기원전 3~4세기경에 무당 계층에 의해 쓰인 것으로 추정되는 이 책에는 중국과 변방 지역의 기이한 사물, 인간, 신 들에 대한 기록과 그들에 대한 그림이 함께 실려 있다. 이 책이 만들어진 동기에 대해서는 무당들의 지침서라는 설이 가장 유력하고 고대의 여행기라는 설도 있다. 근대 이후 학자들의 연구에 의하면 이 책은 종교적으로 샤머니즘과 밀접한 관련이 있는 것으로 밝혀졌다. 산신에 대한 제사에서 쌀을 바치는 일이라든가, 곤륜산崑崙山과 같은 세계 대산 또는 건목建木과 같은 세계수에 대한 숭배, 가뭄 때 희생되는 무녀巫女의 존재 등으로 미루어 그러한 판단이 가능한 것이다. 그래서 그런지 이 책은 샤머니즘이 성행했던 고대 은殷 왕조의 문화 내용을 많이 보존하고 있다. 은 왕조의 조상신인 왕해王亥, 제준帝俊 등에 대한 신화는 다른 고서古書에서 잘 보이지 않는데 『산해경』을 통해서 그 내용이 전하고 있는 것이다. 이 책은 아울러 은殷 및 동이계東夷系 민족의 특징적인 문화 현상으로 간주되는 조류 숭배와 관련된 신화 내용도 많이 담고 있다.

무엇보다도 우리가 『산해경』에서 주목해야 할 것은 이 책이 단순히 오늘날의 중국신화와만 상관되는 것이 아니라 중국 인근의 여러 민족들, 한국, 일본, 베트남, 티베트, 몽골 등 동아시아 전역의 고대 문화와 깊은 관련이 있다는 사실이다. 왜냐하면 『산해경』 신화가 형성되던 시대의 대륙은 결코 오늘날과 같은 하나의 중국이 존재했던 장소가 아니고 수많은 종족이 이합집산을 거듭했던 무대였기 때문이다. 우리가 『산해경』을 중국신화집으로만 보는 것이 아니라 동아시아 고대 문화의 원천이자 상상력의 뿌리로 간주하는 이유가 바로 여기에 있다.

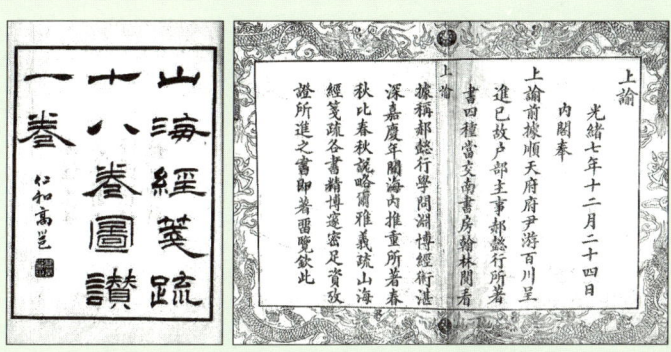

「산해경전소」山海經箋疏 판본(청清, 학의행郝懿行)

3장

—

중국신화의 상상세계

뒤랑G. Durand은 인간과 환경 사이에서 발생하는 끊임없는 교류 과정을 상상 작용으로 규정한 바 있다.[1] 원시인류는 험악한 자연조건에서 살아 나갈 때 세계에 대한 무지로부터 오는 공포와 위협을 상상력으로 극복하였고, 그것을 이야기로 표현한 신화를 오늘에 남기고 있다. 따라서 상상력은 인류의 삶의 동력이자 신화를 만드는 힘이라 할 것이다.

상고 시대에 중국 대륙에서 살던 수많은 종족들 역시 상상력을 통하여 자신들을 둘러싼 세계와 환경을 이해했고 그와 관련된 이야기인 많은 신화를 남겼다. 우리들은 이들 신화를 통해 고대인의 상상세계를 파악해 볼 수 있다.

신화는 그 내용 및 주제에 따라 크게 창조신화, 영웅신화, 자연신화 등으로 나누어지는데, 이 장에서는 이러한 분류법에 의거하여 중국신화의 상상세계를 간략히 살펴보고자 한다.

1. 창조신화의 상상세계

　창조신화란 우주, 인류, 사물 등의 발생 및 기원을 설명하는 신화이다. 이 세상과 만물이 어떻게 생겨났는가 하는 의문은 원시인류에게 자연스럽고도 절실한 것이었다. 이러한 본질적인 의문에 대한 해답을 원시인류는 창조신화의 서사에 담았다. 그리스신화에서는 신들이 출현하기 전에 카오스 곧 혼돈이 존재했고 이후 대지의 여신 가이아와 하늘의 신 우라노스가 생겨났으며 다시 선신善神 프로메테우스에 의해 흙으로 인간이 만들어졌다고 이야기한다. 그렇다면 중국신화에서는 어떠한 창조의 상상을 펼치고 있는가? 만물이 생겨나기 이전은 혼돈 상태였다. 이 상태는 제강帝江이라는, 가무에 능한 신으로 표현되었다. 다시 혼돈 속에서 반고盤古라는 거인이 태어났는데, 그의 죽은 몸이 분해되어 해와 달, 흙과 숲 등이 만들어졌다. 이 외에도 강의 신 거령巨靈은 산천을 만들고, 거인 박보樸父 부부는 홍수를 다스렸으며, 산신 촉룡燭龍은 눈을 뜨면 낮이 되고 눈을 감으면 밤이 되게 하였고, 여신 여와女媧는 사람을 흙으로 빚고 소, 말, 닭 등의 짐승과 오곡을 만들어 냈다고 전해진다. 여기에서는 주로 우주와 인류의 창조를 중심으로 중국 창조신화의 상상세계에 대해 논해 보고자 한다. 중국신화에서는 최초의 창조 상황을 이렇게 이야기한다.

태고에 아직 하늘과 땅이 생겨나지 않았을 때, 형체도 없고, 어둡고, 뒤섞여 있는 혼돈의 상태로 그 시초를 알 수 없었다. 두 명의 신이 자연스럽게 생겨나 하늘과 땅을 만들었는데 넓어서 그 끝나는 곳을 알 수 없었고 아득해서 그 멈추는 곳을 알 수 없었다. 그러자 음과 양의 기운이 나누어지고 여덟 개의 방향이 생겨났으며 굳세고 부드러운 기운이 함께 어우러져 만물이 모습을 드러냈다.

古未有天地之時, 惟像無形, 窈窈冥冥, 芒芠漠閔, 澒濛鴻洞, 莫知其門. 有二神混生, 經營天地, 孔乎莫知其所終極, 滔乎莫知其所止息. 於是, 乃別爲陰陽, 離爲八極, 剛柔相成, 萬物乃形.[2]

중국신화에서는 태초의 상황을 혼돈 상태로 상상한다. 이 혼돈 속에서 세상을 창조한 두 명의 신은 기독교의 야훼와 같은 절대자라기보다는 음과 양의 기운으로 대변되는 두 개의 원초적인 기운이라 할 것이다. 이러한 상상력은 비교적 개념과 추론에 가까워 원시적인 생각이라 보기 어렵다. 이 이야기의 출전이 신화시대에서 훨씬 내려온 한대漢代의 도가 계통 사상서 『회남자』淮南子임을 생각하면 더욱 그러하다. 아무래도 이러한 상상보다 더 원시적인 창조에 대한 생각은, 비록 후대에 채록되었으나 신화 본래의 소박한 모습을 더 많이 간직하고 있는 반고盤古 신화에서 찾아보아야 할 것이다.

태극을 들고 있는 반고
(『천지인귀신도감』天地人鬼神圖鑑)

원초적 기운이 혼돈 상태에 있을 때 그 시초가 여기서 비롯해 마침내 천
지가 나뉘어 처음 건곤의 범주가 성립하고 음양의 기운이 발생했다. 원
초적 기운이 퍼져 나가 중간의 조화로운 존재를 잉태하니 이것이 사람이
다. 처음 반고가 태어났는데 죽음에 임하여 몸을 변화시켰다. 그 기운은
바람과 구름이, 소리는 우레가, 왼쪽 눈은 해가, 오른쪽 눈은 달이, 사지
오체는 사방 끝과 오악이, 피는 강이, 힘줄은 지형이, 살은 농토가, 머리
털은 별이, 솜털은 초목이, 이빨과 뼈는 쇠와 돌이, 골수는 보석이, 땀은
비와 호수가 되었고, 몸의 벌레들은 바람을 맞고 백성들로 화하였다.

元氣濛鴻, 萌芽始玆, 遂分天地, 肇立乾坤, 啓陰感陽. 分布元氣, 乃孕中和, 是
爲人也. 首生盤古, 垂死化身. 氣成風雲, 聲爲雷霆, 左眼爲日, 右眼爲月, 四肢
五體爲四極五嶽, 血液爲江河, 筋脈爲地理, 肌肉爲田土, 髮髭爲星辰, 皮毛爲
草木, 齒骨爲金石, 精髓爲珠玉, 汗流爲雨澤, 身之諸蟲因風所感, 化爲黎甿.[3]

혼돈 속에서 태어난 거인 반고의 몸이 변화하여 만물이 되었다는 상상은 인체와 자연을 동일시했던 원시인류의 관념 속에서 가능했으리라. 자연 속에서 동식물들과 불가분의 관계를 맺고 살아가던 원시인류는 인간과 자연을 유비類比 관계로 상상했으리라 생각되는데, 이러한 상상이 반고의 신체 화생身體化生 신화를 낳았을 것이다.

천지와 자연이 형성된 후에는 그 위에서 살아갈 존재인 인간의 탄생이 이야기되어야 한다. 반고 신화의 끝 무렵에 기생충이 인간으로 변하였다고 말하고 있지만 이러한 이야기는 후대에 보편화되지 못했다. 일반적으로 알려진 중국에서의 인간 탄생 신화는 어떠한 것인가?

> 하늘과 땅이 열렸지만 아직 인간은 없었다. 여와가 황토를 뭉쳐서 사람을 만들었는데 지극히 수고로운 일이어서 힘이 못 미쳤다. 이에 새끼줄을 진흙탕 속에 담갔다가 휘둘러서 사람을 만들었다.
> 天地開闢, 未有人民. 女媧搏黃土作人, 劇務, 力不暇供. 乃引繩絙泥中, 舉以爲人.[4]

인간을 창조한 여와女媧는 중국신화 속의 대표적 여신으로 대모신大母神의 성격을 지녔다. 흙으로 사람을 만든다는 모티프는 그리스신화나 기독교 신화와 동일하다. 다만 그리스신화에서는 프로메테우스, 기독교의 『성경』에서는 야훼와 같은 남성 신격이 인간을 창조해 내는 데 비하여 중국신화에서는 여신이 그 역할을 담당하고 있는 것이 다를 뿐이다. 흙도 보통 흙이 아니라 특별히 황토라고 지목한 것도 흥미롭다. 황하 유역의 황토대黃土帶는 동아시아 문명의 중요한 발상지 중의 하나이고 황토는 중국 대륙 또는 그 문화의 표징이기도 하다. 우리는 상상력이 보편성을 지니고 있지만 그 종족의 풍토성을 뚜렷이 반영한다는 사실도 알 수 있다.

그런데 인간 창조는 한 번에 완성되지 않는다. 대부분의 신화에서는 큰 재난으로 인간이 절멸된 후 그들의 재창조에 대해 이야기한다.『성경』에서 야훼의 진노로 홍수에 의해 모든 인간이 죽고 노아 가족만이 살아남아 새로운 인간 세상을 열어 갔듯이, 중국신화에서도 비슷한 상상이 펼쳐진다. 중국신화에서는 홍

복희와 여와 남매
(당대唐代, 〈복희여와도〉伏羲女媧圖)

수가 인간을 다 휩쓸어 간 후 복희伏羲와 여와라는 두 남매만이 살아남아 인류의 명맥을 이었다고 전하는데 다음은 이와 관련된 이야기이다.

옛날 우주가 처음 열렸을 때 여와 남매 두 사람이 곤륜산에 있었는데 천하에 아직 인간이 없었다. 둘이 상의해서 부부가 되기로 했으나 마음이

부끄러웠다. 이에 오빠가 누이와 함께 곤륜산에 올라 이렇게 기원하였다. "하늘이 만약 우리 두 사람을 부부로 삼고자 하신다면 연기가 합쳐지게 하시고, 그렇지 않으면 연기를 흩어지게 하소서." 그러자 연기가 즉시 합쳐졌다. 누이가 곧 오빠에게 가 예식을 치를 때에 풀을 엮어 부채를 만들어 그 얼굴을 가렸다. 지금 결혼할 때 신부가 부채를 드는 것은 그때의 일을 모방한 것이다.

昔宇宙初開之時, 有女媧兄妹二人在崑崙山, 而天下未有人民. 議以爲夫妻, 又自羞恥. 兄卽與其妹上崑崙山, 咒曰, 天若遣我二人爲夫妻, 而煙悉合, 若不, 使煙散. 於煙卽合. 其妹卽來就兄, 乃結草爲扇, 以障其面. 今時取婦執扇, 象其事也.[5]

대홍수가 일어나 인류가 멸망에 이른 상황이 "옛날 우주가 처음 열렸을 때… 천하에 아직 인간이 없었다"라는 말로 표현되고 있으며, '여와 남매'란 곧 복희 여와 남매의 약칭略稱이다.

앞서 인간을 창조한 대모신 여와가 여기에서는 누이동생으로 다시 출현하여 인간의 재창조에 참여하고 있다. 복희와 여와 두 남매는 근친 불상간不相姦의 금기에도 불구하고 하늘의 뜻을 물어 결혼에 성공하고 인류의 시조가 된다. 아울러 여와가 부채로 얼굴을 가렸던 행위는 결혼 습속의 유래가 되기도 한다. 어려운 자연환경 속에서 인류의 존속과 유지가 쉽지 않았던 정황을 신화는 홍수와 근친상간이라는 극적인 사건에 대한 상상을 통하여 이야기하고 있는 것이다.

2. 영웅신화의 상상세계

영웅신화란 반인반신半人半神적이거나 초인적인 존재의 모험, 탐색, 투쟁 등의 과정을 다룬 신화이다. 영웅은 흔히 신성한 혈통을 지니고 태어나 가출하여 역경을 겪은 후 보물을 찾거나, 미녀와 결혼하거나, 나라를 세우는 등의 경이적인 업적을 이룩한다. 그리스신화에서는 괴력의 화신인 헤라클레스를 비롯하여 테세우스, 이아손, 아킬레우스, 오디세우스 등 수많은 영웅들이 힘과 지모를 자랑하는 다채로운 영웅담을 펼치고 있다. 중국신화는 영웅들에 대한 또 다른 상상의 양상을 보여 준다. 동이계 종족의 영웅 치우蚩尤는 싸움 잘하기로 유명하여 전쟁의 신이 되었고, 요堯와 순舜은 검소하고 훌륭한 행실로 태평성대를 이룩하였으며, 우禹는 황하의 홍수를 다스렸고, 탕湯은 폭군의 통치로부터 백성들을 해방시켰다. 명궁 예羿는 궁술로 백성들의 어려움을 해결하였으며 설契과 후직后稷, 늠군廩君 등은 뛰어난 능력과 희생의 정신으로 각각 은殷, 주周, 파巴 민족의 시조가 되었다. 중국신화 속의 영웅들은 대부분 종족의 시조이거나 건국의 시조 등으로 집단을 대표하는 인물들이다. 이는 장기간 종법 사회宗法社會를 유지해 온 동아시아 사회에서 형성된 영웅신화의 특징일 수도

명궁 예
(『천문도』天問圖)

있다. 여기에서는 명궁 예와 아울러 종족의 시조인 후직, 늠군 등의 신
화를 중심으로 중국 영웅신화의 상상세계에 대해 논해 보고자 한다.

　대중들은 어려운 시기에 영웅의 출현을 갈망한다. 영웅에 대한 신
화 속의 상상도 극한 상황에서 절정에 달한다. 이러한 상상을 가장
잘 보여 주는 신화가 명궁 예에 대한 신화이다.

　요 임금 때에 열 개의 해가 동시에 떠올라서 곡식이 타고 초목이 죽어 백
성들은 먹을 것이 없었다. 알유, 착치, 구영, 대풍, 봉희, 수사 등의 괴물

이 모두 백성들에게 해를 끼쳤다. 요 임금이 이에 예를 시켜 주화의 들에서 착치를 베게 하고, 흉수의 강가에서 구영을 죽이게 하고, 청구의 호수에서 대풍을 잡게 하였다. 위로 열 개의 해를 쏘게 하고 아래로 알유를 죽이게 하며, 동정호에서 수사를 베게 하고 상림에서 봉희를 사로잡게 하였다. ……그러자 천하의 넓은 곳이든 좁은 곳이든, 험한 곳이든 쉬운 곳이든, 먼 곳이든 가까운 곳이든, 비로소 다닐 수 있는 길이 생겼다.

堯之時, 十日並出, 焦禾稼, 殺草木, 而民無所食. 猰貐鑿齒九嬰大風封豨修蛇,
皆爲民害. 堯乃使羿誅鑿齒於疇華之野, 殺九嬰於凶水之上, 繳大風於靑丘之
澤. 上射十日而下殺猰貐, 斷修蛇於洞庭, 擒封豨於桑林. ……於是天下廣狹險
易遠近, 始有道里.[6]

태평성대라고 일컫는 요 임금의 시대에 열 개의 해가 동시에 떠오르는 엄청난 재난이 발생한다. 아울러 알유, 착치 등의 괴물들이 준동하여 백성들을 괴롭힌다. 예는 이 어려운 시기에 출현한 구원의 영웅이었다. 예는 대지를 초토화하는 해들을 격추하고 백성들을 괴롭히는 괴물들을 퇴치한다. 예는 활쏘기의 달인, 곧 명궁이었는데 이는 그가 속한 동이계 종족의 영웅들, 즉 주몽朱蒙, 유리琉璃 등도 지녔다고 상상되는 공통의 자질이었다. 그러나 궁술은 개인의 영광을 위해서가 아니라 집단의 안녕을 위하여 발휘된다. 집단을 대변하는 영웅의 이러한 성향은 종족의 시조이거나 건국의 영웅일 경우에 더욱 현저하게 나타난다. 가령 주周 민족의 시조이자 농업의 신으로 추앙되었던 후직의 신화를 살펴보자.

강원姜嫄이 들에 나갔다가 거인의 발자국을 보고 마음이 즐거워 밟고자
하였다. 그것을 밟자 몸이 떨리더니 마치 임신한 듯하였다. 달이 차자
아들을 낳았는데 상서롭지 않게 여겨 아이를 좁은 골목에다 버렸더니
지나가는 말과 소가 모두 피하고 밟지 않았다. 아이를 숲 속에 옮겨 놓았
더니 마침 산길을 다니는 사람들이 많아졌다. 아이를 옮겨 얼어붙은 도
랑 위에 버렸더니 새들이 날개로 덮어 주었다. 강원이 신기하게 생각하여
마침내 아이를 거두어 길렀다. 처음에 버리려고 했다 하여 이름을 기棄라
고 하였다.

姜嫄出野, 見巨人迹, 心欣然說, 欲踐之. 踐之而身動, 如孕者. 居期而生子, 以
爲不祥, 棄之隘巷, 馬牛過者, 皆辟不踐. 徙置之林中, 適會山林多人. 遷之, 而
棄渠中冰上, 飛鳥以其翼覆薦之. 姜嫄以爲神, 遂收養長之. 初欲棄之, 因名曰
棄.[7]

신비한 탄생, 그리고 유기遺棄는 영웅탄생 신화에서 보편적으로 발견되는 모티프이다. 신비한 탄생은 영웅의 비범함을, 유기는 영웅이 겪는 시련을 표현하는 상상이다. 후직은 이후 "온갖 곡식과 채소를 심어 백성들을 먹여 살렸던 사람"(能播殖百穀蔬, 以衣食民人者)[8]으로서 농업의 보급에 진력하다가 산야山野에서 객사할 정도로[9] 집단을 위해 헌신한 영웅이었다. 파족의 시조 늠군廩君에 대한 신화는, 나아가 고대 민중의 완벽한 영웅에 대한 상상을 보여 준다.

늠군은 이름을 무상이라 하는데 성이 파씨로 번씨, 담씨, 상씨, 정씨 등과 더불어 모두 5개 성씨가 함께 출현하여 최고의 지위를 다투었다. 그리하여 돌에 (칼을) 던져 적중시키는 사람을 임금으로 받들기로 약속하였다. 파씨의 자손 무상이 홀로 적중하자 모두 승복하였다. 다시 각자 흙으로 만든 배를 타고 아름다운 무늬를 그린 후 물 위에 띄워 능히 뜰 수 있는 사람을 임금으로 모시기로 약속하였다. 다른 성씨는 모두 가라앉았는데 무상만이 홀로 떠 있었다. 그리하여 모두가 그를 임금으로 세웠으니 이 사람이 곧 늠군이다. 이후 흙배를 타고 이수로부터 염양에 이르렀다. 염수의 여신이 늠군에게 이르기를, "여기는 땅이 넓고 물고기와 소금이 나는 곳이니 머물러 함께 살기를 원합니다"라고 하였다. 늠군은 허락하지 않았다. 염신은 저녁에 문득 와서 잠을 자고는 아침이면 날벌레로 화하여 여러 날벌레들과 무리 지어 날아올라 햇빛을 가렸다. 온 천지가 어두워지기를 열흘이나 하니 늠군은 어느 방향으로 가야 할지를 몰랐다. 7일 낮밤이 지난 후 사람을 시켜 푸른 실을 염신에게 보내며 말하기를, "이것을 목에 걸면 기쁘겠소. 장담컨대 당신과 함께 살겠으니 꼭 이것을 지니고 다니시오"라고 하였다. 염신이 그것을 받아 목에 걸자 늠군이 양지바른 바위 위에 서서 푸른 실을 조준하여 활을 쏘니 염신에게 적중하였다. 염신이 죽자 하늘이 크게 갰다.

廩君名曰務相, 姓巴氏, 與樊氏瞫氏相氏鄭氏凡五姓, 俱出皆爭神. 仍共擲於石, 約能中者, 奉以爲君. 巴氏子務相, 乃獨中之, 衆皆服. 又令各乘土船, 雕文畫之, 而浮水中, 約能浮者, 當以爲君. 餘姓悉沈, 惟務相獨浮. 人共立之, 是爲廩君. 乃乘土船, 從夷水至鹽陽. 鹽水有神女爲廩君曰, 此地廣大, 魚鹽所出, 願留共居. 廩君不許. 鹽神暮輒來取宿, 旦卽化爲飛蟲, 餘諸蟲群飛, 掩蔽日光. 天地晦冥, 積十餘日, 廩君不知東西所向. 七日七野, 使人操青縷以遺鹽神曰, 纓此卽相宜, 云與女俱生, 宜張去. 鹽神受而纓之, 廩君卽立陽石上, 應青縷而射之, 中鹽神. 鹽神死, 天乃大開.[10]

늠군은 먼저 신이한 능력으로 인해 임금으로 추대된다. 이후 그는 종족을 이끌고 강을 따라 내려가다가 여신을 만나 사랑에 빠지나 함께 살기를 바라는 여신의 소청을 거부한다. 늠군은 자신의 행로를 방해하는 여신을 계략으로 죽이고 길을 떠나 결국 안착할 땅을 발견하여 종족을 번성시킨다.[11] 여신과의 비극적 사랑은 영웅신화에 자주 보이는 모티프이다. 집단의 소명을 받은 영웅은 여신과의 사랑과 충돌할 때 기꺼이 집단을 따른다. 늠군 신화는 한 종족이 영웅의 손에 이끌려 정착하기까지의 과정을 출발, 모험, 사랑 등 탐색(Quest)의 상상에 의해 잘 빚어낸 서사라 할 수 있다.

3. 자연신화의 상상세계

자연신화란 태양, 달, 별 등의 천체와 비, 바람, 구름 등의 기상 그리고 산천, 조수, 초목 등을 포함한 자연현상 및 자연물에 대한 이해와 숭배를 담은 신화이다. 신화학의 초창기에는 자연신화가 신화 연구의 중심이 될 정도로 큰 비중을 차지했었다. 비교신화학파에서는 자연현상이 원시인류에게 미친 영향이 그 어느 것보다 크다고 생각했기에 모든 신화를 해, 달 등 주요 자연현상에 대한 상상의 산물로 해석했던 것이다. 태양신화학파, 태음신화학파 등의 관점이 그것이다. 이들 자연신화학파는 쇠퇴했지만 자연에 대한 인간의 감수성, 인간과 자연의 교감을 강조하는 입장은 여전히 음미할 만한 가치가 있다. 그리스신화에서는 태양신 아폴론, 달의 신 아르테미스, 해신 포세이돈 등을 비롯하여 동서남북 사방에서 부는 바람의 신들과 도처에 있는 강의 신들이 자연을 지배하는 신들이다. 중국신화에서 자연신에 대한 상상은 놀랍도록 풍부하다. 태양신 희화羲和, 달의 신 상희常義와 항아姮娥, 별의 신 견우와 직녀, 비의 신 우사雨師, 바람의 신 풍백風伯, 구름의 신 운사雲師 등 천체·기상의 신들과 수많은 산신들 그리고 황하의 신 하백河伯, 상수湘水의 여신 아황娥皇과 여영女英 등 수

많은 강의 신들이 있기 때문이다. 여기에서는 해의 신 희화와 달의 신 상희, 항아 등을 중심으로 중국 자연신화의 상상세계에 대해 논해보고자 한다.

중국신화에서는 해의 신과 달의 신이 모두 여성으로 상상된다.

동해의 바깥, 감수 사이에 희화국이 있다. 희화라는 여자가 있어 지금 감연에서 해를 목욕시키고 있다. 희화는 제준의 아내로 열 개의 해를 낳았다.

東海之外, 甘水之間, 有羲和之國. 有女子名曰羲和, 方日浴于甘淵. 羲和者, 帝俊之妻, 生十日.[12]

어떤 여자가 지금 달을 씻기고 있다. 제준의 아내인 상희가 달을 열두 개 낳아 여기에서 처음으로 그것들을 씻겼다.

有女子方浴月. 帝俊妻常羲, 生月十有二, 此始浴之.[13]

이들 두 여신은 해와 달 자체가 아니라 해와 달을 낳고 주재하는 여신들이다. 두 여신과 해와 달의 관계는 어머니와 자식의 관계에 유비되어 있다. 이러한 관계의 상상은 인간과 자연이 교감하고 일체를 이룬다는 생태적 사고에 기반을 두고 있다. 원시인류는 자연현상을 이해할 때, 인간과 자연이 하나라는 관념에서 그것을 인격화된 활동으로 상상하였다. 그리하여 그들은 가장 중요한 천체인 해와 달의 존재 그리고 그 운행을, 가장 신뢰할 수 있는 모성 원리에 기대어 상상하였던 것이다.

달 속의 항아와 옥토끼
(『천지인귀신도감』)

달을 낳고 주재하는 여신 상희와는 달리 달 속에 거주하는 유명한
여신으로 항아가 있다.

항아는 예의 아내였다. 예가 서왕모에게 불사약을 청해 얻었는데, 아직
복용하기도 전에 항아가 그것을 훔쳐 먹고 신선이 되어 달로 도망가 달
의 정령이 되었다.

姮娥羿妻. 羿請不死之藥于西王母, 未及服食之, 姮娥盜食之, 得仙, 奔入月中
爲月精也.[14]

영웅 예의 아내 항아가 달의 여신이 되었다는 이 신화를 지배하는

것은 불사에 대한 상상이다. 불사약, 서왕모, 신선과 아울러 달은 생성 소멸을 주기적으로 반복하기 때문에 그 자체로 불사의 화신이며, 달 속에 있는 계수나무, 옥토끼 등도 이러한 불사의 상징체계에 속하는 사물들이다. 이를 통해 우리는 불사약을 훔쳐 먹고 달로 달아났다는 항아의 신화가 근원적으로 달에 대한 불사의 상상에서 비롯된 것임을 알 수 있다. '항아'가 어원적으로 달의 여신 '상희'와 동일하다는 가설은 이러한 견해에 대한 방증이 될 수 있을 것이다.

4. 중국신화의 상상력과 그 정치성

세계를 지배한 오방신의 신화

중국신화에서 세계를 창조한 가장 저명한 신으로는 반고가 있다. 우주적 거인 반고는 혼돈 속에서 태어나면서 하늘과 땅을 분리시켰고 1만 8천 년이나 살다 죽음에 이르러서는 온몸을 변화시켜 세상 만물을 창조해 낸다. 반고의 세계 창조 이후 신들의 시대가 도래한다. 유력한 신들은 이 세계를 분할하여 통치하는데 이러한 분할 방식 역시 신화적 사유 및 상상력과 깊은 관계가 있다. 가령 중국신화에서는 다섯 명의 큰 신들이 세계를 다섯 방향으로 나누어 통치한다. 오방신五方神이 그것이다.

동방은 나무의 기운이 왕성한 곳이다. 그곳을 지배하는 큰 신은 태호太皞인데 보좌하는 신인 구망句芒이 그림쇠를 들고 봄을 다스렸다. (…)
남방은 불의 기운이 왕성한 곳이다. 그곳을 지배하는 큰 신은 염제炎帝인데 보좌하는 신인 축융祝融이 저울을 들고 여름을 다스렸다. (…)
중앙은 흙의 기운이 왕성한 곳이다. 그곳을 지배하는 큰 신은 황제黃帝인

태호 / 황제 / 전욱(『천지인귀신도감』)

데 보좌하는 신인 후토后土가 노끈을 쥐고 사방을 다스렸다. (…)

서방은 쇠의 기운이 왕성한 곳이다. 그곳을 지배하는 큰 신은 소호少昊인데 보좌하는 신인 욕수蓐收가 곱자를 들고 가을을 다스렸다. (…)

북방은 물의 기운이 왕성한 곳이다. 그곳을 지배하는 큰 신은 전욱顓頊인데 보좌하는 신인 현명玄冥이 저울추를 들고 겨울을 다스렸다.

東方木也. 其帝太皞, 其佐句芒, 執規而治春. (…) 南方火也. 其帝炎帝, 其佐朱明, 執衡而治夏. (…) 中央土也. 其帝黃帝, 其佐后土, 執繩而治四方. (…) 西方金也. 其帝少皞, 其佐蓐收, 執矩而治秋. (…) 北方水也. 其帝顓頊, 其佐玄冥, 執權而治冬.[15]

그리스의 큰 신들은 맏형 제우스가 하늘을, 동생 포세이돈과 하데스가 각기 바다와 지하 세계를 다스리는 등 실제 공간을 분할 통치함에 비하여 중국의 신들은 다섯 방위에 따라 세계를 다스리고 있는 것이 눈길을 끈다. 그런데 다섯 방위, 곧 오방은 단순한 방향 및 공간이 아니라 다섯 가지 우주의 원소이자 작용 원리이며 다시 그것들과 상관된 계절이기도 하다. 이른바 고대 중국의 우주론인 음양오행설陰陽五行說에 의해 신들의 통치가 상상되고 있는 것이다. 물론 이러한 상상력은 원시시대에 출현한 것이 아니라 우주를 설명하는 음양오행설이라는 체계가 성립된 후대에 과거의 신화를 각색하여 빚어진 것이다.

여기에서 중국과 그리스 대신들의 면모를 비교해 보자. 중국의 큰 신들 중에는 중앙의 황제와 남방의 염제를 대표로 꼽을 수 있다. 원래 이 두 신은 라이벌 관계였다. 처음 신계의 패권을 잡았던 신은 동방의 염제였는데 후일 세력이 커진 서방의 황제가 염제를 남방으로 축출하고 중앙 상제의 지위를 차지했다. 두 신들의 출생과 용모에 대해서는 다음과 같은 이야기들이 전한다.

큰 번갯불이 북두성을 감돌다가 들녘을 비추는 것을 보고 부보가 감응하여 임신을 하였다. 25개월이 지나서 수교에서 황제 헌원을 낳았는데, 용의 얼굴에 성스러운 덕을 지녔다.

附寶見大電光繞北斗樞星, 照郊野, 感而孕. 二十五月而生黃帝軒轅于壽郊, 龍顏有聖德.[16]

염제 신농씨는 성이 강씨이다. 어머니는 여등이라 하고 유와씨의 딸로 소전의 왕비가 되었다. 신령한 용을 보고 감응하여 염제를 낳았는데 사람의 몸에 소의 머리를 하였다.

소의 머리에 사람의 몸을 한 염제
(고구려 오회분 4호묘 벽화)

炎帝神農氏, 姜姓. 母曰女登, 有嬌氏之女, 爲少典妃. 感神龍而生炎帝, 人身牛首.[17]

　　두 신은 공통적으로 인간 여자가 신비한 기운이나 존재에 감응하여 임신한 끝에 태어난다. 이러한 신화를 감생신화感生神話라고 부른다. 위에서 예를 들진 않았지만 동방의 큰 신 태호도 어머니가 뇌신雷神의 발자국을 밟고 태어났다고 하니 감생신화인 셈이다. 이렇게 보면 중국의 큰 신들은 대부분 인간과 초자연적 존재 사이에서 태어나는데 이것은 그리스신화의 범주에서 보면 영웅이지 신이 아니다. 그리스신화에서 신은 부모 공히 신의 혈통을 지녀야만 하기 때문이다. 신이냐 영웅이냐 하는 이 구분의 바탕에는 보다 근원적인 관념의 차이가 있다. 즉 신과 인간 간의 관계에 대한 인식이 중국에서는 느슨했던 반면 그리스에서는 엄정했다는 점이다. 중국에서 신은 인간이 노력해서 달성할 수 있는 상향적, 연속적 존재인 데 비하여 그리스에서는 인간으로서는 도달할 수 없는 절대의 간극을 지닌 존재로 여겨졌던 것이다. 근대 초기 서양의 일부 학자들은 이러한 관념상의 차이를 몰각沒覺하고 자신들의 신관神觀에 입각하여 중국에는 진정한 의미에서의 신화가 없다는 식의 편견 어린 논단을 내리기도 하였다.

성군 순舜의 신화

영웅에 대한 상상 중에서 훌륭한 임금 즉 성군에 대한 상상은 중국 신화에서 독특한 내용으로 표현되어 있다. 요堯, 순舜, 우禹 등 이른바 고대의 성군들이 선양禪讓이라는 방식으로 사이좋게 왕권을 교체했다는 아름다운 내용의 신화가 그것이다. 선양이란 폭력에 의한 찬탈이 아니라 덕 있는 사람에게 왕위를 넘겨주는 것을 말한다. 요, 순, 우는 백성들을 위해 선정을 베풀었을 뿐만 아니라 바로 이 선양의 방식에 의해 비폭력의 왕권 교체를 달성했기 때문에 후세에 성군의 대명사가 되었다. 이들이 얼마나 선정善政을 했는가에 대해서는 수많은 고대의 전적典籍에 경이로운 내용들이 실려 전한다. 가령 요는 다음과 같이 백성들의 삶을 위해 진력했다고 한다.

요는 천하를 염려하였는데 어려운 백성들에 대해 더욱 신경을 썼다. 백

요 임금/순 임금(『중국고대민간복우도설』中國古代民間福佑圖說)

성들이 죄를 짓는 것을 마음 아파했고 그들이 제대로 살아가지 못할까
근심했다. 어떤 사람이 배고프다 하면 '이것은 내가 그를 주리게 한 것이
다'라고 하였고 어떤 사람이 추위에 떨면 '이것은 내가 그를 춥게 한 것이
다'라고 하였으며 어떤 사람이 죄를 지으면 '이것은 내가 그를 죄에 빠
뜨린 것이다'라고 하였다.

堯存心于天下, 加之于窮民. 痛萬姓之罹罪, 憂衆生之不遂也. 有一民飢則曰,
此我飢之也. 有一人寒則曰, 此我寒之也. 一民有罪則曰, 此我陷之也.[18]

요는 이와 같이 위정자로서의 모범적인 자세를 견지하여 결국 태
평성대를 이룩하였고 그 결과 봉황새나 용과 같은 신수神獸가 출현
하는 등 상서로운 현상들이 나타나서 요의 선정을 인증하였다.

아울러 고대의 전적들에는 요 못지않게, 아니 요 이상으로 순의 성품과 능력을 칭송한 글들이 남아 있는데 특히 그의 효행을 강조하고 있어 눈길을 끈다.

순의 아버지 고수는 장님이었다. 순의 어머니가 죽자 고수는 다시 아내를 얻어 상을 낳았는데 상은 교만하였다. 고수는 후처와 그 아들을 사랑하였고 항시 순을 죽이려 하였다. 순은 피하였지만 작은 과실이 있을 경우는 벌을 받았다. 아버지와 계모, 의붓동생을 섬기고 거둠에 날마다 성실하고 게으름이 없었다.

舜父瞽叟盲, 而舜母死, 瞽叟更娶妻而生象, 象傲. 瞽叟愛后妻子, 常欲殺舜. 舜避逃, 及有小過, 則受罪. 順事父及后母與弟, 日以篤謹, 匪有懈.[19]

순은 이처럼 상상을 초월하는 효행으로 소문이 나 요의 후계자로 추천된다. 불우한 시절을 보냈던 순의 이후 행로는 순탄하다. 순은 공주 아황娥皇과 여영女英 자매와 결혼하고 완악頑惡한 아버지와 계모, 의붓동생의 몇 가지 방해 공작을 물리친 후 요가 부여한 자질 시험을 통과하여 무사히 왕위를 계승한다. 순은 즉위 후에도 경인적驚人的인 효심과 우애를 발휘, 완악한 가족들을 잘 대해 주어 마침내 그들을 개과천선의 길로 이끄는 인간 승리를 이루어 낸다. 순의 승리는 이에 그치지 않는다. 그는 어질고 부지런한 성품으로 백성들을 사랑하고 좋은 정치를 펼쳐 결국 요와 다름없는 태평성대의 군주가 되었다. 그러나 순의 만년은 어두웠다. 그는 남방을 순행巡幸하다가 창오蒼梧 땅에서 객사하고, 비보를 듣고 애통해하던 두 왕비는 상수

순 효행도(『제감도설』帝鑒圖說)

湘水에 스스로 몸을 던졌다. 그들은 후일 상수의 여신으로 거듭난다.

　선행과 비극으로 점철된 성군 순의 일대기를 살펴보면서 슬며시
드는 회의는 완전한 인간 순의 이미지에 걸맞지 않은 만년의 돌연한
비극에 대한 것이다. 아닌 게 아니라 몇 가지 전적들에 담긴 짤막한
언급들은 이러한 순 이미지의 균열을 설명해 줄 다소간의 힌트를 제
시한다.

　순은 요를 핍박했고 우는 순을 핍박했다.
　舜逼堯, 禹逼舜.[20]

　구의산은 ……또한 말하길 순이 아홉 개의 봉우리를 보며 우를 의심하고

아황과 여영 자매
(『백미도』百美圖)

슬퍼했는데, …… 이로 인해 그것을 '의' 라고 했다 한다.

九疑山, ……亦云舜望九峰, 疑禹而悲, ……因爲之疑.[21]

　이러한 언급들은 오늘날 전해지는 순에 대한 성군으로서의 완벽
한 이미지의 이면에 감추어진 어두운 현실을 암시하는 듯하다. 순이
요를 핍박하고 우가 다시 순을 핍박했다는 문구는 요, 순, 우 3자가
사이좋게 왕위를 넘겨주고 받았다는 선양의 실상을 생각하게 한다.
더욱이 순이 객사한 현장에서 구의산九疑山을 바라보며(창오는 곧 구의산
을 말한다) 우를 의심하고 슬퍼했다는 문구는 순의 객사와 두 왕비의
익사 등 잇따른 횡사가 우로부터 비롯했을 것이라는 가정을 허용케
한다. 우에 관한 다음과 같은 기록도 이러한 가정을 지지한다.

우가 서른이 되어도 아직 장가를 가지 못한 채 도산에 이르렀다. 혼인의 때가 늦고 법도를 잃을까 두려워 말하기를 "내가 장가를 들 것이니 반드시 징조가 있을 것이다"라고 하였다. 그러자 꼬리가 아홉 개인 흰 여우가 우 앞에 나타났다. 우가 말하기를 "흰 것은 나의 복색이다. 꼬리가 아홉인 것은 임금의 증거이다……"라고 하였다.

禹三十未娶, 行到涂山. 恐時之暮, 失其度制, 乃辭云, 吾娶也, 必有應矣. 乃有白狐九尾造於禹. 禹曰, 白者, 吾之服也. 其九尾者, 王者之證也……[22]

이 구절은 우가 순으로부터의 선양과는 관계없이 이미 왕이 될 야심을 품고 있었다는 것을 말해 준다. 강력한 세습 왕조가 성립되기 이전, 고대의 권력 교체는 거의 예외 없이 격렬한 투쟁과 폭력을 수반하여 이루어지는 것이 일반적인 정황이었다. 이러한 정황에 비추어 볼 때 선양은 사실상 폭력적인 권력 교체를 미화한 '신화 만들기' (myth making)의 산물이 아니었던가 추측해 볼 수 있다. 요는 순에 의해, 다시 순은 우에 의해 폭력적으로 축출되거나 제거되었을 것이다. 우리가 상상해 온 요순시대라는 태평성대는 사실 허구인 것이다![23]

기괴한 이방인의 신화

중국의 대표적 신화서인 『산해경』을 보면 각양각색이고 기형적 모습을 한 이방인들에 대한 묘사가 나온다. 하위 인간에 대한 상상의 소산이라 할 이들 이방인들은 중국권 밖이라 할 해외海外, 대황大

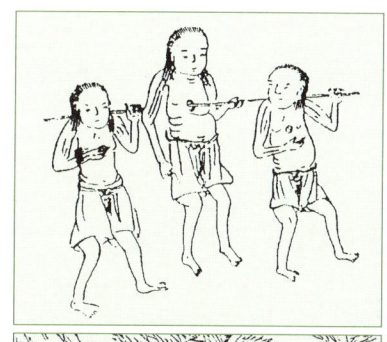
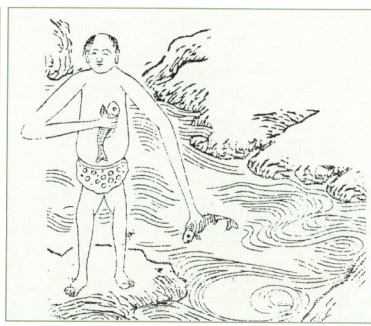

1. **관흉국 사람**(청淸 왕불汪紱, 『산해경존』山海經存)
2. **장비국 사람**(명明 장응호蔣應鎬, 『산해경회도』山海經繪圖)
3. **섭이국 사람**(『산해경회도』) 4. **여자국 사람**(『산해경회도』) 5. **저인국 사람**(『산해경회도』)

荒 등의 먼 변방에 거주하고 있어 "거리가 차이를 극화劇化시킨다"는 사이드E. W. Said의 이른바 '상상지리학'(imaginative geography)을 떠올리게 한다. 이들의 모습은 다음과 같이 가히 엽기적이라 할 만하다.

관흉국이 그 동쪽에 있는데 그 사람들은 가슴에 구멍이 나 있다.

貫胸國在其東, 其爲人胸有竅.[24]

장비국이 그 동쪽에 있는데 물속에서 고기를 잡아 양손에 각각 한 마리씩 들고 있다.

長臂國在其東, 捕魚水中, 兩手各操一魚.[25]

섭이국이 무장국의 동쪽에 있다. 두 마리의 무늬 호랑이를 부리며 그 사람들은 두 손으로 자신들의 귀를 잡고 있다.

聶耳之國在無腸國東, 使兩文虎, 爲人兩手聶其耳.[26]

여자국이 무함의 북쪽에 있는데 두 여인이 함께 살며 물이 그곳을 에워싸고 있다.

女子國在巫咸北, 兩女子居, 水周之.[27]

저인국이 건목의 서쪽에 있는데 그들은 사람의 얼굴에 물고기의 몸이고 발이 없다.

氐人國在建木西, 其爲人人面而魚身, 無足.[28]

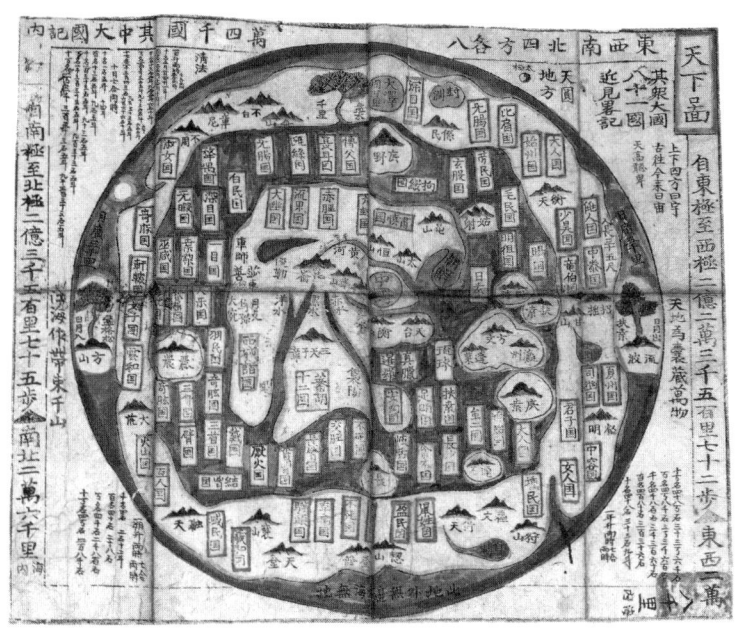

〈천하도〉天下圖(국립중앙도서관 소장)

　　이들 이방인에 대한 묘사는 몇 가지 입장에 근거한다. 한 가지는
민족지적民族誌的인 차원에서, 실재했던 특이한 생활 습속을 지닌 주
변 종족을 다소 희화화시켜 표현한 경우이고, 다른 한 가지는 문명의
중심부에 거주한다고 자부하는 중국인의 종족적 우월감의 표현으로
이방인들을 기형적, 비정상적으로 그림으로써 반사적으로 자신들이
정상적임을 표명한 경우이다. 이 두 가지 경우 모두에 중국 중심주
의, 곧 중화주의가 작동하고 있음은 물론이다. 아울러 종족주의를 정
당화하기 위해 보편 이론의 명분하에 고대 중국의 대표적 우주론인

기氣 철학도 동원되는데 4세기경 동진東晉의 소설가 간보干寶는, 주변 부는 기가 이상한 관계로 이방인과 괴물이 많고, 중원은 기가 조화로 워서 성인이 많이 태어난다고 주장하였다.[29] 이 외에 한 가지 경우가 더 있다. 정신분석학적인 차원에서 이방인은 다른 종족이 아니라 실 은 중국인 자신의 무의식에 억압된 욕망의 투사라고 볼 수 있다. 가 령 여자들만 사는 여자국 곧 중국의 아마조네스는 엄격한 가부장제 사회인 중국에서 여성이 품은, 일탈하고픈 심정의 발로일 수 있다. 이렇게 본다면 이방인은 중국인의 또 다른 자화상이라 할 것이다.

주

1 뒤랑은 이를 '인류학적 도정'이라고 부른다. 질베르 뒤랑, 『상상계의 인류학적 구조
　들』(진형준 옮김, 문학동네, 2007), p.48.

2 劉安, 『淮南子』 「精神訓」.

3 徐整, 『五運歷年記』. 『廣博物志』, 卷9 및 『繹史』, 卷1에 실려 있음.

4 『太平御覽』, 卷 78에 인용된 『風俗通』.

5 李冗, 『獨異志』, 下卷.

6 劉安, 『淮南子』 「本經訓」.

7 『史記』 「周本紀」.

8 『國語』 「鄭語」.

9 『國語』 「魯語(上)」: "稷勤百穀而山死."

10 『世本』 「氏姓篇」.

11 『晉書』 「李特載記」: "廩君復乘土船, 下及夷城. ……因立城其旁而居之. 其後種類浸
　繁."

12 『山海經』 「大荒南經」.

13 『山海經』 「大荒西經」.

14 劉安, 『淮南子』 「覽冥訓」의 高誘 注.

15 劉安, 『淮南子』 「天文篇」.

16 『漢學堂叢書』에서 모은 『河圖稽命徵』.

17 『史記』 「補三皇本紀」.

18 劉向, 『說苑』 「君道」.

19 『史記』 「五帝本紀」.

20 『韓非子』 「說疑」.

21 羅泌, 『路史』 「發揮五」, 辨帝舜塚에 인용된 『九疑山圖記』.

22 『吳越春秋』「越王無余外傳」.

23 이 부분과 관련된 내용으로는 요-순 선양의 실체를 다룬 졸고,「선양인가? 찬탈인
가?: 고대 중국 왕권신화에 대한 해체론적 접근」(『중국어문학』 제54집, 영남중국어
문학회, 2009) 참조.

24 『山海經』「海外南經」.

25 위의 책.

26 『山海經』「海外北經」.

27 『山海經』「海外西經」.

28 『山海經』「海內南經」.

29 干寶, 『搜神記』, 卷12:"中土多聖人, 和氣所交也. 絶域多怪物, 異氣所産也."

4장

—

중국신화와 이미지

1. 이미지의 요람 『산해경』

상상력의 원천인 신화는 이미지의 고향이기도 하다. 상상력은 이미지로 현존을 달성하고 이미지는 다시 상상력을 환기시킨다. 중국의 대표적 신화집인『산해경』山海經은 스토리와 함께 담겨 있는 강렬한 이미지들로 인하여 일찍부터 주목을 받아 왔다. 가령 동진東晉 시기의 저명한 전원시인 도연명陶淵明은 이렇게 노래했다.

초여름 풀과 나무 자라서,　　　　　　　孟夏草木長,

집 주위로 우거졌네.　　　　　　　　　繞屋樹扶疏.

뭇새들 즐겨 깃들이고,　　　　　　　　衆鳥欣有托,

나 또한 오두막집을 사랑하느니.　　　　吾亦愛吾廬.

밭 갈고 씨 뿌리고 하는 중에,　　　　　旣耕亦已種,

때때로 돌아와 책 읽는다네.　　　　　　時還讀我書.

외진 곳 귀한 손님 올 리 없고,　　　　　窮巷隔深轍,

친한 벗님네나 찾아들까.　　　　　　　頗廻故人車.

반갑게 봄술 따르고,　　　　　　　　　歡然酌春酒,

텃밭의 푸성귀를 뜯네.　　　　　　　　摘我園中蔬.

보슬비 동쪽으로부터 나리고,	微雨從東來,
훈풍도 더불어 함께 불 제.	好風與之俱.
『목천자전』穆天子傳을 두루 보고,	泛覽周王傳,
『산해도』山海圖를 훑어보네.	流觀山海圖.
잠깐 사이에 우주를 돌아보게 되니,	俯仰終宇宙,
진정 즐거운 일이 아니고 또 무엇이겠는가![30]	不樂復何如.

작은 벼슬을 버리고 고향에 돌아온 도연명은 전원에서 주경야독하는 유유자적한 삶을 즐긴다. 이때 그가 탐독한 책은 『산해도』와 『목천자전』으로 모두 신화 책이었다. 그런데 그가 『산해경』이 아닌 '『산해도』'를 훑어보았다고 한 사실에 주목하자. 『산해도』는 그림이 실린 『산해경』의 별칭이거나 『산해경』의 그림만 따로 모아 놓은 그림책이었을 것이다. 어쨌거나 중요한 사실은 도연명이 『산해경』이 아닌 『산해도』를 즐겼다고 굳이 말한 데에 있다. 도연명은 바로 이 『산해도』를 보고 「독산해경」讀山海經이라는 13수의 연작시를 짓게 된다. 신화 이미지에 대한 이러한 각별한 경험은 근대의 문호 노신魯迅에게서도 보인다.

나는 벼락에 감전이라도 된 듯이 정신이 떨렸다. 서둘러 받아 들고 꾸러미를 펴 보니, 소형의 책 네 권이었다. 책장을 얼른얼른 넘겨 보니 과연 사람 얼굴의 짐승, 머리 아홉 달린 뱀, 모두 있었다. ……이 네 권의 책이야말로 나의 최초의 장서인 동시에 귀중본이었다. 지금도 그 책이 눈에 떠오른다. 그러나 그 눈에 떠오르는 책은 판版도 인쇄도 매우 조잡하였다. 종이는 샛노랗고, 그림은 빈약하기 그지없고, 거의 모두가 직선을 취합한 것으로서, 동물의 눈조차도 장방형이었다. 그러나 나로서는 최고의 귀중본이었다. 바라보고 있노라면, 그건 분명 인면수人面獸이며 구두사九頭蛇이며 일족우一足牛이며, 부대 같은 제강帝江이며, 머리 없고 젖통으로써 눈을 삼고 배꼽으로써 입을 삼고는 간척干戚을 들고 춤을 추는 형천刑天이었다.[31]

어린 시절 노신은 유모에게서 『산해경』그림책을 선물받는다. 그는 그로테스크한 신화 이미지들을 처음 보았을 때의 충격과 감동을 감추지 않는다. 『산해경』이 우리에게 최초로 주는 각별한 느낌은 이처럼 스토리가 아니라 이미지에서 비롯된다. 그런데 여기에는 그럴 만한 이유가 있다. 『산해경』의 성립에 관한 유력한 가설 중의 하나는 이 책이 본래 그림으로 존재했고 그러한 그림들에 대한 설명이 부가되면서 오늘날의 책이 만들어졌다는 것이다. 이에 따르면 『산해경』은 처음에 말도 글도 아닌 이미지로 출현했던 것이다! 『산해경』에는 실제로 그러한 흔적이 남아 있다.

견봉국犬封國을 견융국犬戎國이라고 하는데 (그곳에 사는 이는) 생김새가 개를 닮았다. 한 여자가 지금 무릎을 꿇고 술과 음식을 올리고 있다.

犬封國曰犬戎國, 狀如犬. 有一女子, 方跪進坏食.[32]

견융국 사람
(『산해경회도』)

궁기窮奇는 생김새가 호랑이 같은데 날개가 있다. 사람을 잡아먹는데 머리부터 시작하며, 잡아먹히는 것은 머리를 풀어 헤치고 있다.

窮奇狀如虎. 有翼. 食人從首始, 所食被髮.[33]

"지금 무릎을 꿇고 술과 음식을 올리고 있다"라든가 "잡아먹히는 것은 머리를 풀어 헤치고 있다"라는 표현은 대상을 보고 설명하는 듯한 어조인데 그 대상은 다름 아닌 그림일 것이다. 『산해경』이 그림을 설명한 책일 것이라는 가설은 다음과 같은 신화에 의해서도 지지된다.

옛날 우 임금이 훌륭한 덕으로 다스리고 있을 때 먼 곳에 있는 나라들로 하여금 그곳의 사물의 형상을 그려서 바치고 구주의 쇠를 바치게 하였다. 그것으로 솥을 주조하여 그 위에 각지의 풍물을 새겨 온갖 사물의 형태를 갖추어 백성들로 하여금 신령스러운 것과 요사스러운 것을 파악하게 하였다. 그리하여 백성들은 강이나 호수, 산림에 들어가도 괴물을 만나지 않게 되었으며 도깨비를 만나도 그 해를 입지 않았다. 이로써 상하가 서로 화합하여 하늘의 도움을 받았다.

昔夏之方有德也, 遠方圖物, 貢金九牧. 鑄鼎象物, 百物而爲之備, 使民知神姦. 故民入川澤山林, 不逢不若, 螭魅罔兩, 莫能逢之. 用能協于上下, 以承天休.[34]

우禹는 황하의 홍수를 다스린 후 천하의 땅을 측량하였으며 통치 구역을 나누었다고 한다.[35] 이 과정에서 각지의 사정과 풍물을 파악하고 그 결과를 그림으로 청동 솥 위에 새겨 놓았다는 이야기는 고대 중국의 현상계와 상상 세계에 대해 글보다 이미지화가 선행되었다는 사실을 알려 준다. 즉 이미지에 의한 세계 인식, 세계 장악이 제일 처음에 이루어졌던 것이다. 『산해경』의 그림들은 실상 청동 솥 위에 새겨진 이미지들과 별반 차이가 없었을 것이며 아닌 게 아니라 『산해경』의 작자에 대한 전통적인 견해는 우 혹은 그의 신하인 백익伯益이 지었다는 것이다.

이제 『산해경』이 본래 그림이었다는 가설에 동의한다고 할 때 이후 『산해경』 이미지의 행로가 어떠했는지 살펴보기로 하자.

본래 그림책이었던 『산해경』은 무당 계층의 사람들에 의해 설명되었을 것이다. 구전되어 오던 설명이 문자로 정착된 것은 대체로 전국시대 후기 무렵일 것으로 추정된다. 이후부터 『산해경』은 글과 그림 두 가지를 갖춘 책이 되는데, 이미지의 측면에 처음으로 깊은 관심을 표명한 사람은 동진 시기의 문인이자 신비주의자인 곽박郭璞

이었다. 『산해경』에 대한 현존하는 최초의 주석을 단 학자이기도 한 곽박은 이 책에 실린 각각의 이미지에 대해 도찬圖讚이라는 형식의 운문을 붙였다. 가령 여자국과 견융국에 대한 도찬을 보자.

간적은 알을 삼켜 임신하였고,	簡狄有吞,
강원은 발자국을 밟아 임신하였네.	姜嫄有履.
여자국 사람들은,	女子之國,
황수의 물에 목욕하지.	浴于黃水.
그러면 임신하고 자식 낳는데,	乃娠乃字,
자라다가 죽어 버린다네.	生長則死.[36]

견융의 선조는,	犬戎之先,
흰 개로부터 나왔다네.	出自白狗.
그놈이 둘을 길렀는데,	厥育有二,
스스로 짝을 지었다네.	自相配偶.
정말 개돼지의 마음이니,	實犬豕心,
천생 그렇게 타고난 거네.	稟氣所受.[37]

곽박은 『산해경』에 등장하는 사물의 이미지를 묘사하는 데 그치지 않고 이미지와 관련된 다른 이야기를 덧붙였으며 자신의 소감을 읊었다. 곽박의 도찬 작성 이후 얼마 지나 양梁나라 때에 이르러 『산해경』의 원본 이미지는 실전失傳되었던 모양이다. 당시의 화가 장승

요張僧繇는 다시 그린 『산해경』 그림책 즉 『산해경도』山海經圖 10권을 남긴다. 이후 이 책도 실전되고 송나라 때에 와서 교리校理 서아舒雅가 또다시 10권으로 그림을 그린다. 명, 청 시기에 이르면 전국시대의 원본을 비롯, 장승요, 서아 등이 다시 그린 『산해경도』 등까지 모두 실전되어 『산해경』 이미지는 전승의 위기를 맞는다. 그러나 명대의 의고주의적 문학 풍조와 청대에 일어난 고증학풍의 영향, 출판 사업의 번창 등으로 인해 『산해경』에 대한 관심이 크게 일어나면서 교감, 주석 등의 작업이 활발해짐과 동시에 이미지를 재건하는 작업도 빈번히 이루어졌다. 명나라 때에 나온 장응호蔣應鎬의 『산해경회도전상』山海經繪圖全像 18권, 왕숭경王崇慶의 『산해경석의』山海經釋義 18권, 호문환胡文煥의 『산해경도』山海經圖 등과 청나라 때에 나온 오임신吳任臣의 『증보회상산해경광주』增補繪像山海經廣注, 왕불汪紱의 『산해경존』山海經存, 필원畢沅의 『산해경』山海經, 학의행郝懿行의 『산해경전소』山海經箋疏 등에 글과 함께 실린 무려 2천여 폭에 달하는 그림들이 그 성과물이다. 당연한 현상이겠으나 비슷한 시기에 동일한 사물을 두고 그렸더라도 각 책에서의 이미지는 저마다 다른 양상으로 나타난다. 가령 전쟁의 신 형천刑天에 대한 신화 내용을 살펴본 후 다양한 이미지를 감상해 보자.

형천이 이곳에서 천제와 신의 지위를 다투었는데 천제가 그의 머리를 잘라 상양산에 묻자 곧 젖으로 눈을 삼고 배꼽으로 입을 삼아 방패와 도끼를 들고 춤추었다.

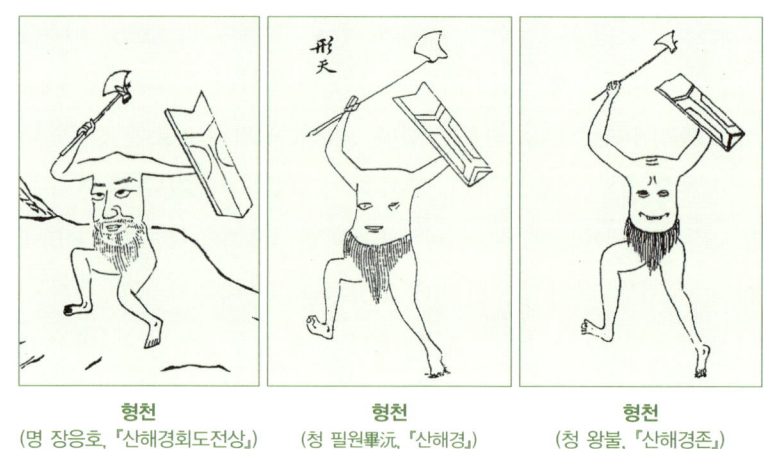

| 형천
(명 장응호, 『산해경회도전상』) | 형천
(청 필원畢沅, 『산해경』) | 형천
(청 왕불, 『산해경존』) |

刑天與帝至此爭神, 帝斷其首, 葬之常羊之山, 乃以乳爲目, 以臍爲口, 操干
戚以舞.[38]

그림의 기본 구도는 같으나 얼굴 표정에서 뚜렷한 차이를 보이고
있다. 문자 텍스트, 곧 스토리를 읽고 심상이 생겨나고 다시 그것이
시각 이미지로 구현되는 과정에서 개인별 편차가 작용하여 각양의
이미지를 낳은 것이다. 이러한 현상은 민족 차원에서는 더욱 변별적
으로 나타날 것이다. 가령 일본에서는 에도江戸 시대에 명대明代의 호
문환본을 바탕으로 『괴기조수도권』怪奇鳥獸圖卷이라는 이름의 『산해
경』 그림책이 출현했는데 기존의 중국본들과는 달리 채색을 입힌 데
다가 화법이 달라 이미지의 차이가 확연하다. 혼돈의 신 제강帝江의
경우를 예로 들어 보자.

제강	제강
(명 호문환, 『산해경도』山海經圖)	(일본 에도 시대, 『괴기조수도권』)

다시 서쪽으로 350리를 가면 천산이라는 곳인데 금과 옥이 많이 나고 청
웅황도 산출된다. 영수가 여기에서 나와 서남쪽으로 양곡에 흘러든다.
이곳의 어떤 신은 그 형상이 누런 자루 같은데 붉기가 빨간 불꽃 같고 여
섯 개의 다리와 네 개의 날개를 갖고 있으며 얼굴이 전연 없다. 가무를 이
해할 줄 아는 이 신이 바로 제강이다.

又西三百五十里, 曰天山, 多金玉, 有靑雄黃. 英水出焉, 而西南流注于湯
谷. 有神焉, 其狀如黃囊, 赤如丹火, 六足四翼, 渾敦無面目. 是識歌舞, 實
爲帝江也.[39]

중국의 제강 그림보다 일본의 것은 홀쭉하고 날개에 동세動勢가 있
어서 훨씬 날렵한 인상을 준다. 어리숙한 혼돈의 분위기에는 중국 제
강의 엉뚱한 모습이 더 잘 어울리는 것 같으나 일본의 제강도 나름의

풍토성을 반영하고 있는 듯하다. 다시 탐욕의 화신 상류相柳의 경우를 예로 들어 보자.

공공의 신하를 상류씨라고 하는데 아홉 개의 머리로 아홉 개의 산에서 나는 것을 먹는다. 상류가 이르는 곳은 모두 못이나 골짜기로 변한다. 우 임금이 상류를 죽였는데 그 피가 비려서 오곡의 씨앗을 심을 수 없었다. 우 임금은 그것을 세 길이나 파서 묻었으나 세 번 무너졌으므로 여러 임금들의 누대로 만든 것이다. 곤륜의 북쪽, 유리의 동쪽에 있다. 상류는 아홉 개의 머리를 지녔는데 사람의 얼굴에 몸은 뱀으로 푸른빛이다. 감히 북쪽을 향하여 활을 쏘지 못하는 것은 공공의 누대를 두려워하기 때문이다. 누대는 그 동쪽에 있다. 누대는 네모졌으며 귀퉁이마다 한 마리의 뱀이 있는데 호랑이 무늬에 머리는 남쪽을 향하고 있다.

共工之臣曰相柳氏, 九首, 以食于九山. 相柳之所抵, 厥爲澤谿. 禹殺相柳, 其血腥, 不可以樹五穀種. 禹厥之, 三仞三沮, 乃以爲衆帝之臺, 在昆侖之北, 柔利之東. 相柳者, 九首人面, 蛇身而靑. 不敢北射, 畏共工之臺. 臺在其東. 臺四方, 隅有一蛇, 虎色, 首衝南方.[40]

일본의 상류는 중국의 그것에 비해 훨씬 입체적이고 사실적으로 그려져 있다. 흥미로운 것은 일본 상류의 머리 부분을 확대해 보았을 때 아홉 개 얼굴 각각의 표정이 모두 다르다는 점이다. "아홉 개의 머리로 아홉 개의 산에서 나는 것을 먹는다"는 내용을 반영하여 아홉 개의 머리가 각기 개성을 지니고 있는 모습으로 묘사한 것이

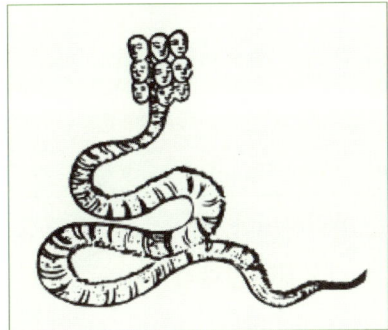
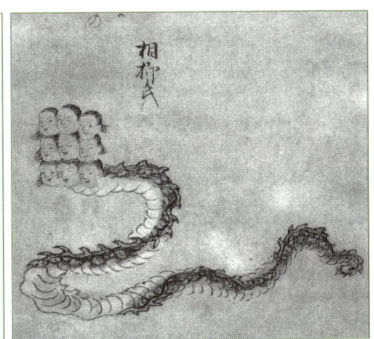

1. **상류**(『산해경도』)
2. **상류**(『괴기조수도권』)
3. **상류의 머리 부분 세부**(『괴기조수도권』)

다. 『산해경』 이미지에 대한 『괴기조수도권』에서의 위와 같은 표현들로부터 우리는 일본이 중국의 상상력과 이미지 자료를 수용했지만 그것을 자신들의 풍토에 맞게 재창조했음을 알 수 있다. 이러한 재창조의 정신이 오늘날 일본 문화 산업의 흥성을 가져오지 않았나 생각한다.

아득한 시절에 성립되어 수천 년간 실전失傳과 재현이 거듭되어 온 『산해경』의 그림 자료들은 오늘날 다시 그 가치를 주목받고 있다. 최근 중국의 신화학자 마창의馬昌儀는 명, 청 시대의 각종『산해경』그림 판본들은 물론 방계 자료들까지 섭렵하여『산해경』이미지의 집대성이라 할『전상산해경도비교』全像山海經圖比較(北京: 學苑出版社, 2003), 『고본산해경도설』古本山海經圖說(桂林: 廣西師範大學出版社, 2007) 등의 자료집을 펴내어 본격적 연구의 발판을 마련하였다. 바야흐로『산해경』의 이미지는 '이미지의 시대'라고 일컬어지는 오늘에 이르러 화려한 개화開花를 기다리고 있는 것이다.

2. 중국신화 이미지와 몸

　요즘 그 어느 때보다도 몸에 대한 관심이 크게 일고 있다. 그러나 몸의 부각은 단순히 건강 관리와 미용, 성형 등의 차원에서 점쳐지는 현상이 아니고 그 이면에 보다 심원한 동기가 있음을 알아야 하겠다. 그것은 근대를 지나 탈근대를 향하는 도상에서 우리의 관심이 이성적, 합리적인 것으로부터 욕망과 감성 쪽으로 이동한 것과 관련이 있다. 그런데 전자가 주로 정신의 영역에 있다면 후자는 신체와 불가분의 관계를 맺고 있다. 신화에서도 몸은 더없이 중요하다. 왜냐하면 신화적 행위의 가장 핵심적인 현상이라 할 변형이 바로 몸을 통해 이루어지기 때문이다. 이 글에서는 중국신화와 몸이 이미지를 매개로 어떻게 관련을 맺고 있는지 살펴보고자 한다.

　제3장에서 소개했던 반고 신화는 신체의 강력한 우주적 힘을 웅변한 이야기로 읽힌다. 신화에서 몸은 단순히 죽으면 썩어 없어지는 덧없는 존재가 아니다. 반고의 몸은 이 세계로 거듭나기 때문이다. 인간의 형상을 한 우주적 거인 반고를 대표적 인간으로 환치하면 인간의 신체는 곧 우주라는 등식이 성립한다. 바꾸어 말하면 반고 신화는, 인체(소우주)는 우주(대우주)와 유비類比 관계에 있다는 원시인류

의 사유의 표현인 것이다. 이러한 사유는 고대 동아시아에서 "인간과 자연은 하나(가 되어야 한다)"라는 이른바 '천인합일' 天人合一의 관념으로 정착하였다. 가령 한대의 도가서 『회남자』淮南子에서는 다음과 같이 말한다.

> 머리가 둥근 것은 하늘을 본뜬 것이며, 발이 네모진 것은 땅을 본뜬 것이다. 하늘에 사계절, 오행, 아홉 지점, 366일이 있듯이 사람에게도 사지, 오장, 아홉 개의 구멍, 366개의 골절이 있다. 하늘에 비, 바람, 춥고 더움이 있듯이 사람에게도 빼앗고 줌, 기쁘고 슬픔이 있다.
>
> 故頭之圓也, 象天. 足之方也, 象地. 天有四時五行九解三百六十六日, 人亦有四肢五臟九竅三百六十六節. 天有風雨寒暑, 人亦有取與喜悲.[41]

우리는 윗글로부터 반고 신화의 신체 화생 사유가 우주에서 신체로 다시 연역되었음을 느낀다. 아울러 인간의 형체뿐만 아니라 감정까지도 철저히 자연현상에 유비시키고 있음에 놀라게 된다. 『회남자』에서 전개된 이러한 천인합일관은 후대에 이르러 마침내 한 폭의 이미지로 구현된다. 청대에 그려진 〈내경도〉內經圖가 그것이다.

인체는 산, 강, 들, 숲, 바위 등으로 형상화되어 마치 지형도와 같다. 그러나 신화적 사유에 근거한 천인합일관의 형상화는 이처럼 신체 외형에 그치지 않는다. 도교에서는 오장에 신들이 깃들고 있는데 이들 신이 각자의 자리를 잘 지키고 있으면 그 기관은 건강하고 자리를 떠나거나 불안정하면 병이 든다고 상상하였다. 따라서 명상이나

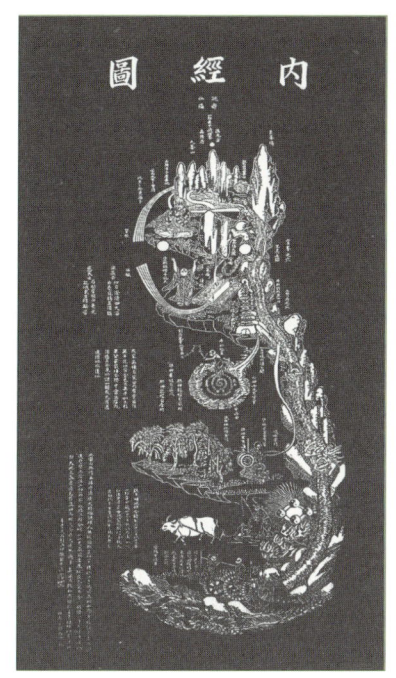

인체를 자연에 비유한 〈내경도〉(청대淸代)

호흡법 등을 통하여 이들 체내신體內神을 안정시키고자 하였다. 한대의 도교 경전인 『태평경』太平經에서는 체내신을 이렇게 설명한다.

사계절과 오행의 정精과 신神이 사람의 몸에 들어가면 오장의 신이 되고, 나가면 사계절과 오행의 신과 정이 된다.

此四時五行精神, 入爲人五臟神, 出爲四時五行神精.[42]

자연의 기운은 인체에 들어가 체내신이 되어 오장 각 기관에 진좌

심장에 거주하는 체내신／신장에 거주하는 체내신(『도장』道藏)

鎭坐한다. 체내신은 자연의 기운의 형상화인 셈인데, 그리하여 자연의 가장 생동적인 현현인 동물의 이미지를 취한다. 가령 심장과 신장의 체내신에 대해 살펴보자.

무릇 심장이란 리離의 기운이고 불의 정精이다. 그 빛은 붉고 모습은 연꽃과 같은데 그 신神은 주작과 같다. 심장에서 신神이 생겨나 키가 여덟 치인 옥녀玉女로 변하여 옥꽃을 들고 심장을 드나든다.
夫心者, 離之氣, 火之精, 其色赤, 其象如蓮華, 其神如朱鳥. 心生神化爲玉女, 身長八寸, 持玉英出入於心府也.[43]

무릇 콩팥이란 음陰의 정精과 감坎의 기운으로 그 빛은 검고 모습은 둥근 돌과 같다. 그 신神은 백록과 같고 머리가 둘인데 키가 한 자인 옥동玉童

으로 변하여 콩팥을 드나든다.

夫腎者, 陰之精, 坎之氣, 其色黑, 其象如圓石. 其神如白鹿, 兩頭, 化爲玉童, 長一尺, 出入於腎臟.[44]

주작朱雀, 머리 둘 달린 백록白鹿 등 체내신의 원형은 신화 속의 신성한 복합 동물이다. 이 동물들의 이미지가 체내에 들어옴으로써 인간과 자연의 합일이 이루어지는 것이다. 이처럼 중국신화의 이미지는 원시시대 이후 수천 년간을 우리의 몸속에서 살아 왔다. 고대인은 자연의 화신인 체내신의 신화적 이미지를 매개로 완전한 개체를 이룩할 수 있다고 믿었던 것이다. 그것은 근대적 이성에 의해 통제의 대상이 되었던 몸이나 요즘처럼 건강 관리와 미용, 성형 등을 통해 만들어지는 외형적인 몸과는 차원이 다른 몸이었다.[45]

3. 중국신화 이미지의 역사적 변천

　　신화는 신들에 대한 이야기이지만 그것을 이야기하는 주체는 어디까지나 인간이다. 그러므로 신화 이야기 역시 인간 역사의 변천에 따라 변모를 겪게 되는 것은 자명한 일이다. 물론 이것은 신화의 원형적 요소, 곧 신화소神話素가 변모한다는 말은 아니다. "신화는 시대마다 새로운 옷을 갈아입고 나타난다"고 말했을 때의 그 '새로운 옷'에 해당하는 부분, 곧 시대적인 고유한 내용이나 표현 방식 같은 것이 달라질 수 있다는 말이다.

　　중국의 역사도 신화시대 이래 엄청난 변화가 있었다. 여기에 대해서는 크게 세 가지 변화를 지적할 수 있겠다. 이 중 두 가지 변화는 동서양의 역사에서 보편적으로 일어난 현상인데, 하나는 인류 역사 초기의 모권제 사회에서 가부장적 사회로의 변화이고, 다른 하나는 관념상 신 중심에서 인간 중심으로의 이행이다. 이 두 가지 변화는 정도의 차이는 있을지라도 동서양 모두의 역사에서 일어났다. 마지막 한 가지 변화는 중국 역사에서의 고유한 현상인데, 정치, 문화상의 다원적 상황으로부터 구심적, 중심주의적 경향으로의 진입이다. 즉 중국의 국가적 정체성이 점차 형성되어 마침내 중화주의가 확립된 것을 말한다. 이렇게 된 시기는 대체로 유교가 처음 국교로 제정된 한대로 추정된다. 위와 같은 중국 역사상의 세 가지 변화를 요약해 말한다면 그것은 가부장화, 인간화 내지 역사화, 중국화일 것이다.

이 글에서는 상술한 변화들에 유념하면서 중국의 대표적 여신 서왕모의 신화를 중심으로 중국신화 이미지의 역사적 변천을 살펴보고자 한다.

서왕모 신화

불교에 관음보살이 있고 천주교에 성모 마리아가 있다면 중국신화에는 서왕모西王母가 있었다. 서왕모는 불교 전입 이전 중국에서 가장 인기 있는 여신이었으며 그 후에도 관음보살과 더불어 중국, 조선 등 동아시아에서 여전히 숭배되었던 여신이었다. 서왕모는 불사약을 지닌 미모의 여신으로, 곤륜산의 화려한 궁전에서 생활하는 것으로 알려져 있었는데 최초의 모습은 이와 판연히 다르다.

다시 서쪽으로 350리를 가면 옥산이라는 곳인데 이곳은 서왕모가 살고 있는 곳이다. 서왕모는 그 형상이 사람 같지만 표범의 꼬리에 호랑이 이빨을 하고 휘파람을 잘 불며 더부룩한 머리에 머리꾸미개를 꽂고 있다. 그녀는 하늘의 재앙과 다섯 가지 형벌을 주관하고 있다.
又西三百五十里, 曰玉山, 是西王母所居也. 西王母其狀如人, 豹尾虎齒而善嘯, 蓬髮戴勝, 是司天之厲及五殘.[46]

서해의 남쪽, 유사의 언저리, 적수의 뒤편, 흑수의 앞쪽에 큰 산이 있는데 이름을 곤륜구라고 한다. 신―사람의 얼굴에 호랑이의 몸인데 꼬리에 무늬가 있으며 모두 희다―이 있어 여기에 산다. 산 아래는 약수연이 둘러싸고 있으며, 그 바깥에는 염화산이 있어 물건을 던지면 곧 타 버린다. 어떤 사람이 머리꾸미개를 꽂고 호랑이 이빨에 표범의 꼬리를 하고 동굴에 사는데 이름을 서왕모라고 한다. 이 산에는 온갖 것이 다 있다.

西海之南, 流沙之濱, 赤水之後, 黑水之前, 有大山, 名曰昆侖之丘. 有神― 人面虎身, 有文有尾, 皆白―處之. 其下有弱手之淵環之, 其外有炎火之山, 投物輒然. 有人, 戴勝, 虎齒, 有豹尾, 穴處, 名曰西王母. 此山萬物盡有.[47]

서왕모가 책상에 기대어 있는데 머리꾸미개를 꽂고 있다. 그 남쪽에 세 마리의 파랑새가 있어 서왕모를 위해 음식을 나른다

西王母梯几而戴勝杖. 其南有三青鳥, 爲西王母取食.[48]

서왕모에 대한 가장 이른 기록을 담고 있는 『산해경』에 의하면 그녀는 호랑이, 표범 등 맹수와 합쳐진 반인반수의 몸으로 동굴에 살며 재앙과 형벌을 맡은 무시무시한 신이었던 것이다. 우리는 여기에서 성 역할에 대한 인식이 고착화되지 않았던 원시시대의 성별 관념을 엿볼 수 있다. 가부장 시대에 들어오면 여성의 역할이 여성성에 바탕을 둔 가정 내적인 일, 사적 영역의 일에 국한됨에 비하여 여기에서의 서왕모는 형벌과 같은 공적이고도 살벌한 일을 담당하고 있기 때문이다. 아울러 서왕모는 비록 세 마리 파랑새의 시중을 받긴 하

마귀할멈과 같은 모습의 서왕모(『산해경존』)   **주 목왕과 이별하는 서왕모(『천문도』天問圖)**

나 독립적인 능력을 가진 존재이다. 결코 의존적인 모습이 아닌 것이다. 우리는 여기에서 가부장제가 침투하기 이전 다양한 분야에서 능력을 발휘하던 모권제 시대 여성의 한 모습을 발견할 수 있다.

그러나 서왕모의 반인반수적, 원시적 이미지는 후세로 갈수록 점차 엷어져 인간 여성의 모습으로 변모한다. 서왕모가 완연한 여성으로서 처음 등장한 것은 주周 목왕穆王의 여행기인 『목천자전』穆天子傳에서이다.

길일인 갑자일에 천자가 서왕모를 방문하였다. 흰 규옥과 검은 벽옥을 쥐고 서왕모를 만났다. 수놓은 비단 띠 100필과 띠 300필을 주었는데 서왕모는 두 번 절하고 받았다. 을축일에 천자가 요지 호숫가에서 서왕모를 위해 잔치를 벌였는데 서왕모는 천자를 위해 노래를 불렀다. "하늘에 떠 있는 흰 구름 산골짝에서 나오고, 길은 아득한데 산과 물이 가로막고 있네. 청컨대 그대 죽지 마시어 다시 오시길 바랍니다." 천자가 답가를 불렀다. "내가 동쪽 땅으로 돌아가면 여러 나라를 잘 다스리리. 만백성이 다 잘살게 되면 돌아와 그대를 보리. 3년이 되면 당신이 사는 이곳으로 돌아오리."

吉日甲子, 天子賓于西王母. 乃執白圭玄璧, 以見西王母. 好獻錦組百純, □組三百純, 西王母再拜受之. □乙丑, 天子觴西王母于瑤池之上, 西王母爲天子謠曰, 白雲在山, 山陵自出. 道里悠遠, 山川間之. 將子無死, 尙能復來. 天子答之且曰, 予歸東土, 和治諸夏. 萬民平均, 吾顧見汝. 比及三年, 將復而野.[49] (□ 표시는 원본의 빠진 글자)

주 목왕은 서쪽으로의 여행 끝에 곤륜산에 이르러 서왕모를 만난다. 이때의 서왕모는 앞서의 살벌한 여신이 아니라 미지의 나라의 우아한 여왕으로 변모해 있다. 신화에서는 영웅이 여행길에 여신이나 공주를 만나 사랑에 빠졌다가 헤어지는 것이 하나의 패턴이다. 가령 그리스신화에서 아테네의 영웅 테세우스가 크레타의 공주 아리아드네를 만나고 트로이의 영웅 아이네이아스가 카르타고의 여왕 디도를 만난 일 등이 그러하다. 윗글에서는 주 목왕과 서왕모 사이

의 로맨스에 대해 그다지 언급하고 있지 않지만 고대인들은 충분히
그 이상을 상상했던 것 같다. 곽박은『산해경도찬』에서 둘에 대해 이
렇게 읊었다.

천제의 따님	天帝之女,
쑥대머리에 호랑이 얼굴이라네.	蓬頭虎顔.
주 목왕이 예물을 갖고 와	穆王執贄,
시 짓고 즐겁게 놀았지.	賦詩交歡.
그 이상의 일에 대해선	韻外之事,
자세히 말하기 어렵다네.	難以俱言.

『산해경』의 원본 그림을 보고 시를 짓는 도찬의 형식 때문에 원시
적 형상에 의거해 '쑥대머리에 호랑이 얼굴'이라고 표현했지만 주
목왕과의 회합이 단순한 만남이 아니었음을 암시하고 있다. 서왕모
는 이 무렵 독립적인 여신의 지위는 유지하고 있으나 어느덧 연인 주
목왕이 돌아오기만을 손꼽아 기다리는 가녀린 여심의 소유자로 변
모해 있다.

주 목왕의 연인이라는 과도기적 단계를 거쳐 서왕모의 신적 지위
와 기능, 용모 등이 크게 탈바꿈하는 것은 한대에 이르러서이다. 한
대는 유교가 국교가 되고 음양오행설이 성행한 시기였다. 이러한 역
사적 배경하에서 서왕모는 다음과 같이 획기적인 변화를 겪는다.

첫째, 서왕모는 더 이상 처녀신이기를 그만두고 동왕공東王公이라

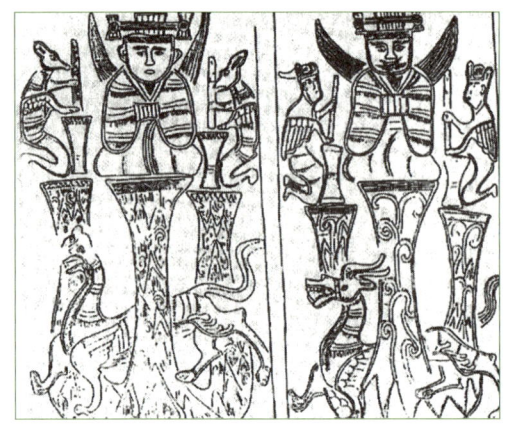

서왕모와 동왕공
(한대漢代, 산동성山東省의
화상석畫像石)

는 배우신配偶神을 갖게 되었다. 이것은 한대인들이 음양상대陰陽相待
의 원칙에 따라 우주론적 조화를 모색하기 위해 서왕모―동왕공의
신보神譜를 설정했기 때문이다. 아울러 여기에는 독립적인 처녀신의
존재를 인정치 않고 여성은 남성에게 종속되어야 한다는 유교 가부
장적 관념도 작용했을 것이다. 다음과 같은 이야기를 보면 본래의
서왕모 신화가 음양오행설에 의해 새롭게 각색되었음을 알 수 있다.

　곤륜산에는 구리 기둥이 있다. 그 높이는 하늘 속에 들어갈 정도이니 이
른바 하늘 기둥이었다. ……그 위에 큰 새가 있어 이름을 희유라고 하는
데 남쪽으로 향하여 왼쪽 날개를 펼쳐 동왕공을 덮고, 오른쪽 날개를 펼
쳐 서왕모를 덮었다. ……그 새를 기념하여 지은 글은 이렇다. '희유라는
새는 푸르고 붉은 빛으로 울지도 않고 먹지도 않는데 동쪽으로 동왕공을
덮고 서쪽으로 서왕모를 덮고 있다네. 왕모가 동쪽으로 가고자 할 때 올

곤륜산의 여신들(오대五代 완고阮郜, 〈낭원여선도〉閬苑女仙圖)

라타면 절로 통하느니 음양의 조화는 두 신이 만나면 더욱 오묘해지네.'

昆侖之山, 有銅柱焉. 其高入天, 所謂天柱也. …… 上有大鳥, 名曰希有, 南向, 張左翼覆東王公, 右翼覆西王母. …… 其鳥銘曰, 有鳥希有, 碌赤煌煌, 不鳴不食, 東覆東王公, 西覆西王母. 王母欲東, 登之自通, 陰陽相須, 唯會益工.[50]

둘째, 서왕모는 이제 재앙과 형벌의 신이 아니라 불사약을 소유한 생명의 여신으로 거듭 태어났다. 죽음의 신은 본래 양면성을 지닌다. 죽음을 장악한 신이기에 생명도 보장할 수 있는 신이라는 믿음이 생겨났을 것이다. 이러한 믿음의 전환이 한대에 일어난 것은 서왕모가 한 남성의 충실한 배우자로 정착되면서 살벌하고 파괴적인 죽음의 여신의 이미지가 부적절해졌기 때문이다.

귀부인 모습의 서왕모(『삼재도회』)

셋째, 서왕모는 '쑥대머리에 호랑이 얼굴'의 반인반수에서 아름다운 여신으로 변모하였다. 뿐만 아니라 서왕모의 시중을 들었던 세 마리의 파랑새도 아리따운 시녀로 화하였고 서왕모가 살던 누추한 동굴은 요지 호숫가의 화려한 궁궐로 바뀌었다. 이러한 변화는 서왕모가 아름다운 생명의 여신으로 부상하면서 새로운 이미지에 걸맞도록 부수적으로 일어난 것이다. 서왕모가 반도원蟠桃園이라는 복숭아 밭을 소유하고 있는데 그 복숭아를 먹으면 장수한다는 이야기도 이와 같은 이미지의 변화에 힘입어 생겨났다.

결국 서왕모는 한대라는 역사적 현실에 적합한 내용과 이미지, 스토리로 개편된 것이다. 한漢 무제武帝는 서왕모의 이러한 새로운 이미지에 매혹되어 실제로 서왕모의 거처인 곤륜산을 찾아보고자 하였고 그녀에게 제사를 드려 강림을 기원하기도 했는데 그 목적이 불사약을 얻는 데 있었음은 말할 나위도 없다. 서왕모에 대한 숭배의 풍조는 비단 무제와 같은 제왕이나 귀족들뿐만 아니라 일반 대중들에게까지 확산되었다. 애제哀帝 때에는 서왕모 숭배가 광풍처럼 휩쓸고 간 적도 있었다.

애제 건평 4년 여름, 수도와 지방의 백성들이 마을과 들판에 모여 노름판을 벌이고 춤추고 노래하며 서왕모에게 기원을 드렸다. 그리고 쪽지를 돌리기를 "서왕모가 백성들에게 고하노니, 이 쪽지를 지닌 자는 죽지 않는다. 내 말을 믿지 않는다면 문지도리 아래를 살펴보라. 거기 흰 머리카락이 있을 것이다"라고 하였다. 가을이 되어서야 소동이 멎었다.

哀帝建平四年夏, 京師郡國民, 聚會里巷阡陌, 設張博具歌舞, 祠西王母. 又傳書曰, 母告百姓, 佩此書者不死. 不信我言, 視門樞下, 當有白髮. 至秋乃止.[51]

한대 이후 서왕모는 아름다운 불사의 여신으로서의 이미지가 정형화된다. 가령 동진 시대의 도연명은 서왕모에 대해 다음과 같이 찬양을 바친다.

옥산의 요대 노을 위로 우뚝한데	玉臺凌霞秀,
서왕모는 예쁜 얼굴 환하기도 해라.	王母怡妙顏.
천지와 함께 태어나	天地共俱生,
그 세월 얼마인지를 모르겠네.	不知其何年.
신령스러운 변화 다함이 없고	靈化無窮已,
머무는 곳은 한 군데 산이 아니라네.	館宇非一山.
즐겁게 취하여 새로운 노래 부르노니	高酣發新謠,
어찌 속세의 말을 흉내 낼 것인가.	寧效俗中言.[52]

봉황새를 타고 강림하는 서왕모
(청淸 임훈任薰, 〈요지예상도〉瑤池霓裳圖)

오늘날 민간에서 숭배되고 있는
서왕모의 신상神像

　　서왕모의 신성 즉 불사의 능력과 그 미모에 대한 찬탄과 경배는 서
왕모가 도교의 신으로 편입되고 도교가 국교로 군림한 당대唐代에 이
르러 절정에 달한다. 시인들은 찬미에 그치지 않고 연모의 감정을
바치기도 하였다. 이후 당대만큼은 아니지만 청대에 이르기까지 상
류층에서나 민간에서나 서왕모는 여전히 인기 있는 여신으로서의
지위를 유지하였다. 서왕모는 왕실 귀족 계층에서는 그녀의 호화로
운 생일 잔치를 묘사한 〈요지연도〉瑤池宴圖가 양식화되어 유행할 정
도로 부귀영화의 화신으로서의 이미지를 지니게 되었고, 일반 백성

들로부터는 그들의 소박한 기원을 들어주는 친근한 여신 왕모낭낭王母娘娘으로 길이 기억되었던 것이다. 고려와 조선에서도 서왕모는 중국의 낯선 신이 아니었다. 시인들은 격의 없이 그녀를 노래했고 허난설헌許蘭雪軒(1563~1589) 같은 이는 그녀를 자신과 동일시하기도 하였다.

　우리는 물어야 한다. 수천 년의 세월을 두고 우리로 하여금 찬탄과 경배의 마음을 불러일으키게 했던 서왕모, 그녀는 어디로 갔는가? 이제는 이름마저도 기억의 저편에 있는 서왕모, 그녀는 어딘가에 살아 있는가, 아니면 영원히 망각의 늪 속에 빠져 버린 것인가? 이 사라진 여신과의 교신은 과연 가능한가?

4. 중국신화 이미지의 힘

 레지스 드브레Régis Debray는 그의 『이미지의 삶과 죽음』 서문에서 벽화로부터 들려오는 물소리 때문에 잠을 못 이루는 중국의 어떤 황제에 대해 흥미롭게 이야기하고 있다. 이런 이야기가 서구인들이 동양에 대해 갖는 과장된 엑조티시즘의 산물이 아니라는 것을 우리는 잘 알고 있다. 왜냐하면 멀리 갈 것도 없이 우리는 앞에서 이미 예를 들었던 우 임금의 청동 솥 이야기로부터 이미지의 힘을 실감하고 있기 때문이다. 청동 솥에 요괴들의 모습을 새김으로써 그들의 준동을 방지할 수 있었다는 언급이야말로 이미지의 힘을 웅변하는 것이 아니고 무엇인가? 신들의 왕 황제黃帝에게도 이와 비슷한 이야기가 있다.

 황제가 시찰에 나서서 동쪽으로 바다에 이르고 항산에 올랐다. 바닷가에서 백택이라는 신령한 짐승을 얻었는데 능히 말을 할 줄 알았고 세상 만물에 대해 모르는 것이 없었다. 천하의 귀신에 대해 물으니 옛날부터 정과 기가 요물이 되고 떠도는 혼이 변한 것 등 모두 1만 1,520가지에 대해 말해 주었다. 황제가 사람을 시켜 그것들을 그리게 하고 천하에 공표하였다. 그리고 사악한 것들을 물리치는 글을 지어 그것들을 쫓았다.

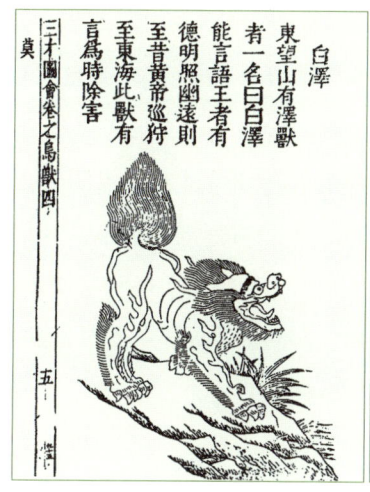

말을 하는 영물 백택
(『삼재도회』)

사방의 요괴들
(한대漢代, 산동성 기남沂南의 화상석畫像石)

帝巡狩, 東至海, 登恒山. 于海濱得白澤神獸, 能言, 達于萬物之精. 因問天
下鬼神之事, 自古精氣爲物, 遊魂爲變者, 凡萬一千五百二十種, 白澤言之.
帝令以圖寫之, 以示天下. 帝乃作逐邪之文以逐之.[53]

　황제는 백택白澤을 얻음으로써 신들뿐만 아니라 귀신, 요괴까지도
지배하는 힘을 갖게 된다. 그 힘은 그것들의 이미지를 장악함으로써
획득되었다. 아닌 게 아니라 고대의 벽화나 화상석에는 귀신, 요괴
들의 그림이 많이 그려져 있는데 이것은 우와 황제가 행한 이미지 제
작의 바탕에 깔려 있는 전통 관념을 계승한 것이 아닌가 여겨진다.
　우와 황제의 작업은 이미지의 힘에 대한 최초의 현시顯示로 보이는

데, 이 글에서는 이와 같이 사악한 것들을 물리치는 작업, 즉 벽사辟邪의 취지를 중심으로 중국신화 이미지의 힘에 대해 생각해 보고자한다. 이미지를 통한 벽사 활동은 크게 두 가지 방식으로 구분해 볼수 있다. 한 가지는 우와 황제의 경우처럼 상대방의 이미지를 드러내어 그것을 구축驅逐하는 방식이고 또 한 가지는 강력한 이미지의힘을 빌어 상대방을 제압하는 방식이다. 전자의 경우로는 동경銅鏡이, 양자를 겸한 것으로는 문자文字가, 후자의 경우로는 화상畫像이있는데 이들을 차례로 살펴보기로 하겠다.

동경

"명경! 세상에 거울처럼 두려운 물건이 다신들 있을 수 있을까?"

정비석이 그의 유려한 수필 「산정무한」에서, 사람의 잘잘못을 비춰 준다는 금강산 명경대明鏡臺를 지날 때 부르짖은 말이다. 청동기시대의 대표적 주술 도구였던 구리 거울, 즉 동경은 사물의 모습을밝게 비춘다는 본래의 기능을 넘어서 사물의 숨겨진 진상을 드러내는 신비한 힘을 지닌 것으로 여겨졌다. 동경에게 초자연적 역량을부여하게 된 것은 거울 자체의 드러내는 속성 때문이기도 하지만 동경의 제작 과정에 소요되는 야금술, 광학 등의 기술적 한계와도 관련이 있다. 기술적 한계를 극복하기 위해 주술적 의식이 필요하였던것인데 그러한 과정을 통해 제작된 동경이니만큼 신비한 이미지가덧씌워졌을 것이다. 아울러 동경은 그 자체가 주술적 역량을 지닐

마법의 청동거울
방격규구신수경方格規矩神獸鏡
(백제 무녕왕릉武寧王陵 출토)

수 있도록 구조와 문양이 특별히 고안되었다. 우선 구조에서는 원형과 정방형을 취하거나 반복함으로써 이른바 만달라 상징을 구현하였는데, 이러한 도상은 우주의 기운을 조화롭게 해 주거나 정화한다고 알려져 왔다. 문양으로는 각종 상서로운 신화적 동식물을 새기거나 고문자, 팔괘 등의 우주적 부호를 배열하였는데, 이들 이미지가 뿜어내는 올바른 기운은 사악한 기운을 제압하고 시정해 줄 것으로 기대되었다. 오늘날까지 고분에서 발견되는 동경의 효용은 무덤에 침입하는 요괴나 나쁜 기운을 방지함으로써 묻혀 있는 이의 편안한 지하 생활을 보장함에 있었음을 알 수 있다.

신화에서는 동경의 최초 제작자가 황제였다고 말하고 있다.

옛날에 황제가 구리를 녹여 신령스러운 물건을 만들었는데 이때 거울을 만든 것이 모두 15개였다.

昔黃帝氏液金以作神物, 於是爲鑑, 凡十有五.[54]

귀신, 요괴의 지배자인 황제이니만큼 당연히 동경과 같은 신물의 제작자이기도 할 것이다. 그러나 실제로 동경의 제작은 은말殷末 주초周初에 이루어지며 그 활용이 일반화되는 것은 진秦, 한漢 시기에 와서이다. 특히 한대에는 신선 사상의 유행과 더불어 주술적 도구로서 각종 동경이 제작되었고, 위진남북조에서 당대까지 역시 신선 사상을 계승한 도교의 발전에 힘입어 신비한 동경의 이미지는 줄어들지 않았다. 특히 동경은 변신한 요괴를 파악하고 쫓아내는 위력이 있다는 믿음이 있었기에 동진의 도인 갈홍葛洪은 확신에 찬 어조로 이렇게 말했다.

　　만물 중의 늙은 것은 그 정령이 사람의 형체를 빌어 사람의 눈을 현혹시키고 항상 시험할 수 있지만 다만 거울 속에서만은 그 참모습을 바꿀 수 없다. 이 때문에 옛날의 입산 수도자는 모두 직경이 아홉 치 이상 되는 밝은 거울을 등에 짊어졌는데 이렇게 하면 오래 묵은 요물이 감히 접근하지 못하였다. 혹시 시험하러 오는 자가 있을 것 같으면 거울 속에 비춰 보아야 한다. 그것이 신선이거나 산속의 신령님이면 거울에 비추어도 여전히 사람의 형체일 것이고 만약에 새나 짐승 따위의 삿된 요물이라면 그 모습이 거울 속에 다 드러날 것이다.

又萬物之老者, 其精悉能假託人形, 以眩惑人目而常試人, 唯不能於鏡中易眞形耳. 是以古之入山道士, 皆以明鏡徑九寸以上, 懸於背後, 則老魅不敢近人. 或有來試人者, 則當顧視鏡中. 其是仙人及山中好神者, 顧鏡中故如人形, 若是鳥獸邪魅, 則其形貌皆見鏡中矣.[55]

위진남북조 시대에는 동물 변형 신화와 이와 상관된 동경의 주술적 능력을 주제로 한 많은 설화들이 만들어졌다. 당시의 소설집 『수신후기』搜神後記에 실린 다음의 이야기는 가히 엽기적이라 할 만하다.

회남의 진씨가 밭에 콩을 심고 있노라니 홀연히 두 여자가 나타났다. 용모가 아름답고 보라색 무늬가 박힌 푸른 치마를 입고 있었으며 비가 오는데도 옷이 젖질 않았다. 그 집의 벽에는 전부터 동경이 걸려 있었는데, 거울 속에 두 마리의 사슴이 비쳐 보였다. 마침내 칼로 쳐서 잡아 육포를 만들었다.

淮南陳氏, 于田中種豆, 忽見二女子. 姿色深美, 著紫纈青裙, 天雨而衣服不濕. 其壁先挂一銅鏡, 鏡中見二鹿. 遂以刀斫獲之, 以爲脯. [56]

동경에 대한 신비한 이미지는 유리 거울이 수입되어 보편화되는 명말明末 이후 쇠퇴하기 시작한다. 그러나 사악한 요괴를 쫓아냈던 동경과 단순히 자신의 얼굴을 비추기 위한 유리 거울은 상징학적인 차원에서 엄청난 차이가 있다. 가령 그것을 소지한 개인과의 관계를 들어 말할 경우, 고대의 동경이 우주적 조화와 통합의 인격체를 지향한다면, 깨지기 쉬운 근대의 유리 거울은 분열된 자아를 표상하기 때문이다.

문자

문자 이미지가 주술적인 힘을 지녔다는 생각은 동서양에서 공통적이었다. 게르만 신화를 보면 인간들은 신으로부터 룬rune 문자를 받았는데 그것은 마법을 발휘할 수 있는 글자였다. 영어에서 '스펠' spell은 철자를 의미함과 동시에 주문을 외운다는 뜻도 지니고 있다. 동양에서 이러한 취지는 한자 창제의 신화에서 이미 엿보인다. 한자는 황제黃帝의 사관인 창힐蒼頡이 처음 만들었다고 한다.

> 창힐이 글자를 만드니 하늘에서 곡식의 비가 내리고 귀신들이 밤에 통곡을 했다.
> 蒼頡作書, 而天雨粟, 鬼夜哭.[57]

이 글에 대해 주석가인 고유高誘는, 글자로 인해 거짓된 일이 많아져 농업에 힘쓰지 않아 백성들이 굶주릴까 봐 하늘이 곡식의 비를 내린 것이고 귀신들이 글에 의해 죄상을 추궁당할까 봐 밤에 운 것이라고 풀이하였다. 곡식의 비에 대한 풀이는 좀 억지인 듯싶으나 귀신들의 통곡에 대한 풀이는 그런대로 설득력이 있다.

한자는 갑골문甲骨文에서 기원하였는데 갑골문은 일상생활을 위한 글자가 아니라 점쳐서 얻은 예언과 신탁을 적은 종교성이 짙은 글자였다. 여기에서 우리는 한자가 출발부터 주술적인 성격과 불가분의 관계를 지닌 글자임을 알 수 있다. 아울러 한자는 상형문자로

글자를 처음 만든 창힐
(『중국고대민간복우도설』)

서 그림의 성격이 강하므로 이미지가 환기하는 효과도 크다.

벽사의 취지와 관련하여 한자는 어떻게 효과를 발휘하는가? 두 가지 측면에서 살펴볼 수 있는데 한 가지는 문자 본래의 소통적 기능으로서 설명에 의해 사물의 진상을 드러냄으로써 사악한 존재를 쫓아내고자 하는 경우이고 다른 한 가지는 한자 이미지가 갖는 주술적인 힘에 의해 소망을 달성하고자 하는 경우이다. 이 중에서 전자는 동경의 작용과, 후자는 화상의 작용과 비슷한 범주에 속한다. 후자의 대표적 사례로는 부적을 들 수 있다. 전서篆書 등의 고문자 이미지를 더욱 기묘하게 변형시킨 부적은 상상 세계에 대해 특정한 신의 서명과도 같은 권위와 힘을 발휘하여 나쁜 것을 물리치고 좋은 것을 불러오는, 이른바 벽사진경辟邪進慶의 효력을 지닌 것으로 간주되었다.

갈홍은 동경의 경우와 마찬가지로 입산 수도자들이 꼭 부적을 지참하여 요괴를 물리치거나 재난을 입지 않도록 할 것을 당부한다.

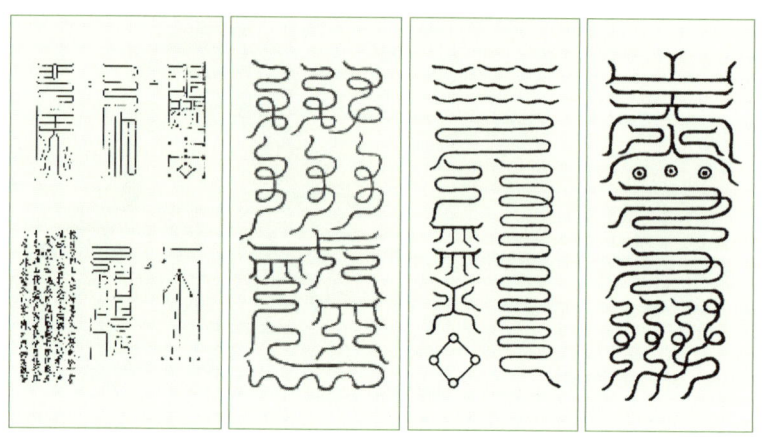

각종 도교 부적들(『도장』道藏)

노군황정중태49진비부라는 부적이 있다. 산에 들어갈 때 갑인일에 흰 비
단에 붉은 글씨로 부적을 써서 밤에 책상 안에 두고 술과 육포로 북두성
에 제사를 드린다. 각자 작은 소리로 이름을 말하고 재배한 다음 속옷 안
에 부적을 넣어 두면 산천의 온갖 귀신, 요괴와 호랑이, 늑대, 독충 등을
물리칠 수 있다.

有老君黃精中胎四十九眞秘符. 入山林, 以甲寅日丹書白素, 夜置案中, 向
北斗祭之以酒脯, 各少少自說姓名, 再拜, 受取內衣領中, 辟山川百鬼萬精
虎狼毒蟲也.[58]

결국 부적은 한자의 상형문자로서의 시각 이미지, 갑골문에서 기
원한 주술적 성격 등이 교묘하게 배합되어 문자의 벽사 능력을 최고
도로 구현한 것이라 할 수 있다.

화상畫像

강력한 힘을 지닌 신이나 영웅, 사물 등의 이미지야말로 사악한 존재에 대해 즉각 타격을 가할 수 있는 가장 효과적인 수단이 아닐 수 없다. 신화에서 출현한 이 방면 최초의 존재는 황제의 라이벌이었다가 패사敗死한 치우蚩尤이다.

> 치우가 죽은 후 천하가 다시 어지러워지고 편안치 못하니 황제가 마침내 치우의 형상을 그려 천하에 과시하였다. 천하에서는 모두 치우가 죽지 않았다고 여겨 온 지역이 모두 복종하였다.
>
> 蚩尤沒後, 天下復擾亂不寧, 黃帝遂畫蚩尤形狀以威天下. 天下咸謂蚩尤不死, 八方萬邦皆爲殄服.[59]

치우는 비록 전몰戰歿하였으나 그의 무서운 능력은 오히려 적수인 황제도 인정하는 바여서 죽은 그의 이미지를 이용하여 천하를 평정한 것이다. 치우의 이미지는 이에 그치지 않고 다른 방식으로 길이 전해진다.

> 전하는 말로는 황제가 전쟁 끝에 치우를 잡아 베었기에 이곳을 해解라고 불렀다고 한다. ……치우의 몸과 머리가 딴 곳에 흩어져 있었기 때문에 후세의 성인들이 그의 형상을 청동 제기에 새겨 탐욕을 경계하는 뜻으로 삼았다.

청동 준罇에 새겨진 도철의 모습
(은대殷代, 호남성湖南省 악양岳陽에서
출토)

傳戰執尤而誅之, 爰謂之解. ……身首異處, 以故後代聖人著其像于尊彝,
以爲貪戒.[60]

여기에서 치우는 벽사가 아니라 교훈을 위해 악신의 이미지로서
활용되고 있다. 지금도 남아 있는 은殷, 주周 시대의 청동 제기祭器에
는 이른바 도철문饕餮紋이라는, 흉악한 괴물의 문양이 새겨져 있다.
도철은 본래 흉폭하고 탐욕스러운 괴물로서 역시 과욕을 경계하기
위해 제기에 새겨졌다 하는데 윗글에서는 치우를 도철로 간주하고
있다. 그러나 강력한 악신의 이미지는 악신에 그치지 않고 '독으로
써 독을 제압한다'(以毒制毒)는 관념에 따라 다른 악신을 퇴치하는 데
에 유용했을 것이다. 청동 제기에 새겨진 치우 혹은 도철의 형상은
이후 귀신이나 요괴를 물리치는 효능을 지닌 것으로 간주되었다.
　고대인들은 청동 제기와 같은 종교적 기물뿐만 아니라 집의 대문
에도 유력한 존재의 형상을 그려 붙여 사악한 기운의 침입에 방비하

고자 했다. 이러한 존재를 문신門神이라고 부른다. 문신 중에서 가장 오래되고 저명한 신은 신도神荼와 울루鬱壘 두 형제신이다.

큰 바다 한 가운데에 도삭산이라는 산이 있는데, 그 산 위에는 큰 복숭아 나무가 있다. 나무가 서리서리 얽힌 것이 3천 리나 되며, 그중 동북쪽 나뭇가지 사이를 귀문이라 하는데 온갖 귀신이 출입하는 곳이다. 산 위에 두 신이 있어 하나는 신도라 하고 다른 하나는 울루라 하는데 온갖 귀신을 감독한다. 그들은 해를 끼치는 귀신이 있으면 갈대 끈으로 묶어서 호랑이에게 먹였다. 그러자 황제가 방법을 고안하여 때때로 귀신들을 쫓았는데 그 방법은 복숭아나무를 깎아 만든 큰 사람을 세우고 문에다 신도와 울루, 호랑이 그림을 그리고 갈대끈을 걸어 놓아 방비를 하는 것이다. 그리하여 나쁜 귀신이 나타나면 잡아다 호랑이에게 먹이도록 하였다.

滄海之中, 有度朔之山, 上有大桃木. 其屈蟠三千里, 其枝間東北曰鬼門, 萬鬼所出入也. 上有二神人, 一曰神荼, 一曰鬱壘, 主領閱萬鬼. 惡害之鬼, 執以葦索而以食虎. 于是黃帝乃作禮以時驅之, 立大桃人, 門戶畫神荼鬱壘與虎, 懸葦索以御. 凶魅有形, 故執以食虎.[61]

황제가 문신을 그려서 사악한 존재를 쫓는 방법을 최초로 고안했다는 이야기에서도 황제가 지닌 귀신, 요괴에 대한 지배자로서의 성격을 알 수 있다. 신도와 울루 이후에도 치우, 강태공 등 유력한 신이나 인물이 문신으로 등장하며 보다 후세에는 진숙보秦叔寶, 호경덕胡敬德 같은 역사상의 장군들도 문신이 된다.

30 陶淵明, 「讀山海經」 其一.

31 노신, 「阿長과 산해경」, 『루쉰문집 II』(竹內好 역주, 한무희 옮김, 일월서각, 1992), p.75.

32 『山海經』 「海內北經」.

33 위의 책.

34 『左傳』 「宣公」 3年.

35 『山海經』 「海內經」: "帝乃命禹卒布土以定九州."

36 원문은 郭璞, 『足本山海經圖讚』(張宗祥 校錄, 上海: 古典文學出版社, 1958), p.34.

37 위의 책, p.50.

38 『山海經』 「海外西經」.

39 『山海經』 「西次三經」.

40 『山海經』 「海外北經」.

41 劉安, 『淮南子』 「精神訓」.

42 『太平經』 卷72, 「齋戒思神救死訣」.

43 『上淸黃庭五臟六腑眞人玉軸經』 「心臟圖」.

44 『上淸黃庭五臟六腑眞人玉軸經』 「腎臟圖」.

45 인체와 자연의 유비類比에 관한 더 자세한 논의는 졸저, 『사라진 신들과의 교신을 위하여』(문학동네, 2007), pp.243~251 참조.

46 『山海經』 「西次三經」.

47 『山海經』 「大荒西經」.

48 『山海經』 「海內北經」.

49 『穆天子傳』 卷3.

50 『神異經』 「中荒經」.

51 干寶, 『搜神記』 卷6.

52 陶淵明, 「讀山海經」 其二.

53 『雲笈七籤』 卷100, 「軒轅本紀」.

54 『潛確類書』. 田倩君, 「釋鑑」 『中國文字叢釋』(臺北: 商務印書館, 1972), p.231에서 재인용.

55 葛洪, 『抱朴子·內篇』 「登涉」.

56 陶淵明, 『搜神後記』 卷9.

57 劉安, 『淮南子』 「本經訓」.

58 葛洪, 『抱朴子·內篇』 卷17, 「登涉」.

59 『太平御覽』 卷79에 인용된 『龍魚河圖』.

60 『路史·後記』 卷4, 「蚩尤傳」.

61 王充, 『論衡』 「訂鬼篇」.

5장

—

중국신화의 소설적 수용

1. 신화와 스토리텔링

인간은 이야기하는 동물이다. 우리가 처음 세계를 인식하는 것은 어려운 논리나 이론을 통해서가 아니라 이야기를 통해서이며 자신의 존재를 드러내거나 설명하는 것도 이야기에 의해서이다. 다시 말해서 이야기하기는 인간의 본능인 것이다.

원시시대의 신화는 이처럼 인간의 이야기하는 본능적 행위의 첫 산물로서, 중국신화도 예외는 아니다. 그러나 신화는 종족의 거룩하고 신성한 이야기이니만큼 최초의 전문적 이야기꾼은 종교와 정치를 겸임한 사제이거나 족장이었을 것이다. 이후 고대 왕권 국가에 이르러 여전히 정교가 분리되지 않은 초기 단계에서는 사제왕司祭王 혹은 무군巫君(shaman king)이 신화 전승을 담당했을 것이다. 후일 양자가 분리되면서 신화는 사제 혹은 무당의 입을 거치게 되고 중국에는 문자 기록으로 정착하게 되었다. 가령 그리스신화는 호메로스와 같이 서사시를 음송하는 시인에 의해, 중국신화는 무당에 의해 신화가 입에서 입으로 전승되었다. 지금도 오지奧地의 소수민족이나 일부 유목민족은 무당 등 전문적인 이야기꾼이 신화를 암송, 구연하고 있다. 문자 기록의 시대로 접어들어 문학이 활성화되

면서 신화는 시, 소설, 희곡 등 문학의 원천이 된다. 특히 서사문학
이라는 측면에서 신화는 소설의 발생과 깊은 관련을 맺게 되는데,
소설 중에서도 판타지나 환상소설은 내용과 형식에서 신화의 적자
嫡子라 할 만하다.

고대의 경우 신화가 전승되거나 소설화하는 과정에서 이야기꾼,
곧 스토리텔러의 역할은 중요하다. 그리스신화가 오늘날 듣기 좋은
형식과 내용으로 남아 있게 된 것은 고대의 서사시 작가이자 탁월한
이야기꾼이었던 호메로스에 의해 각색되었기 때문이다. 반면에 중
국신화는 서사시의 단계를 거치지 않아 지금까지 비교적 소박한 모
습을 간직하고 있다.

신화가 소설화되는 과정에서 스토리텔링은 다음의 세 가지 방식
으로 이루어진다. 첫째, 신화의 문체를 소설의 문체에 그대로 반영하
는 방식이다. 둘째, 신화의 원형, 예컨대 영웅신화의 '출발-입문-
회귀' 구조, 통과의례 구조 등을 소설의 구조로 원용하는 방식이다.
셋째, 신화의 단편적인 내용이나 모티프를 소설에 수용하는 방식이
다. 이 세 가지 방식은 함께 혹은 독립적으로 활용된다. 현대에 이르
러 만화, 영화, 게임, 애니메이션 등 이른바 문화 산업이 흥기하면서,
아울러 각 분야에서 스토리텔링의 중요성이 부각되면서 가장 오래
된 이야기인 신화의 형식과 내용을 빌려 새로운 이야기를 각색해 내
려는 시도가 활발히 일어나고 있다. 신화는 바야흐로 스토리텔링의
시대에 이르러 다시금 새로운 옷을 갈아입고 나타나고 있는 것이다.

본 장에서는 우선 중국신화에 기원을 둔 중국 소설의 전모를 역사

적으로 훑어보고자 한다. 다음으로 스토리텔링의 차원에서 각 시대 소설에서의 신화 수용 양상을 살펴보게 될 것이다.

2. 신화에서 소설로 — 중국 고전소설의 흐름

중국 소설은 언제, 어디에서부터 출발한 것일까? 노신은 그의 논저 『중국 소설의 역사적 변천』에서 신화를 중국 소설의 원류라고 거론하였다. 그리고 가장 오래된 신화서인 『산해경』에 수록된 상상력 넘치는 이야기들에 중국 소설의 수많은 모티프가 배태되어 있음에 주목하였다.

중국의 소설은 문체의 차이에 의해 크게 문언소설文言小說과 백화소설白話小說로 나뉜다. 그중 문언소설이란 구어체로 쓰인 소설이 아닌 문어체文語體, 곧 어려운 한문으로 쓰인 소설을 뜻한다. 이에 비해 백화소설은 민중들이 평소에 쓰는 언어와 동일한 글투, 즉 오늘날의 중국어와 같은 문체로 쓰인 소설을 말한다. 따라서 문언소설의 주된 작자층과 독자층은 어려운 한문을 읽고 쓸 줄 아는 상층 지식 계층이었다. 즉 문언소설은 귀족 계층의 필요에 의해 탄생된 것이고 그들의 즐거움을 위해 지어진다는 존재 의미를 지니고 있는 것이다. 또한 문언소설 속에는 귀족 계층이 지향하는 이상과 이데올로기가 투영되어 있다.

중국의 문언소설은 위진남북조 시대에 지괴志怪와 지인志人이라는 양대 서사로 발전한다. 지괴는 '괴이한 일을 기록한다'는 의미의 서사로, 이 시대의 이야기꾼은 샤머니즘과 도교를 소양으로 지녔거나 신앙하는 지식 계층이었다. 그들은 자신들의 취향에 따라 각지의 신비한 이야기를 수집하거나 창작하였다. 지괴는 대체로 제재에 따라 다음의 몇 가지로 나뉜다.

첫째는 신괴류神怪類의 작품이다. 귀신, 요괴 등과 관련된 설화를 기록한 작품으로 지괴의 특성을 가장 잘 드러내 주는 부류이다. 그 가운데 진晉나라 간보干寶가 편찬한 『수신기』搜神記는 지괴의 대표적인 작품이다. 이 책에서 간보는 "귀신의 도가 거짓이 아님을 밝힌다" (發明神道之不巫)고 하였다. 이는 환상적 이야기를 다루되 역사의 연장선상에서 그것을 바라보고자 하는 지괴 작자의 입장을 잘 드러낸 언급이다. 이 책의 이야기 중 한 소녀가 커다란 뱀을 퇴치한다는 「이기살사」李寄殺蛇, 신비로운 보검의 주조와 관련된 「간장막야」干將莫邪 등에서는 신화에서 파생된 모티프들이 하나의 완결된 스토리로 만들어지는 과정이 드러난다.

둘째로 지리박물류地理博物類의 작품이 있다. 지리박물류의 작품은 『산해경』의 직접적인 영향을 받은 것이다. 『산해경』의 서사 방식에서 보이듯이 동서남북의 방위에 따라 각각 해당되는 내용을 늘어 놓는 서사의 형태는 바로 무당이 행하는 사설에서 출발한 것이고 이는 지리박물류의 원형이다. 대표작으로는 장화張華의 『박물지』博物志가 있다. 이 책에는 온갖 신화, 전설, 이 세상의 진기한 물산에 대한 내용이 나열되어 있다.

셋째로 신선류神仙類의 작품이다. 신선류는 신선, 도술 등에 대한 이야기를 다룬 것으로 대표적인 작품으로는 유향劉向의 『열선전』列仙傳, 갈홍葛洪의 『신선전』神仙傳 등을 들 수 있다.

이와 같은 지괴와 함께 대량의 또 다른 서사가 출현했는데 이를 일러 지인志人이라고 한다. 지인은 당시 유명인의 일화와 생활 면모를 비교적 사실적으로 기록한 작품군을 뜻한다. 대표적인 작품으로는 유의경劉義慶의 『세설신어』世說新語가 있다. 『세설신어』는 지괴와는 뚜렷한 차별성을 지니는 서사이다. 특히 인간 생활을 중심으로 한, 사실에 근거한 내용과 인물 묘사의 세밀한 수법은 지인이 지괴와는 성격이 다른 서사 양식임을 입증한다. 지인의 전통은 위진남북조에만 한정되지 않았다. 인물을 묘사하고 품평하고 그 가운데에서 독자의 흥미를 유발시키는 지인의 전통은 당대唐代의 『대당신어』大唐新語로 이어졌다. 이후 청대淸代에 이르기까지 인물 중심의 필기류筆記類는 모두 지인의 맥락 위에서 발전해 내려온 서사이다.

당대에 들어서서 지괴와 지인의 전통 위에 새로운 서사가 탄생한다. 그것은 전기傳奇이다. 전기는 '기이한 일을 전한다'는 의미로 지괴에 비해 훨씬 긴 내용과 복잡한 구조를 지녔다. 당대의 전기는 제재에 따라 신괴류神怪類, 애정류愛情類, 호협류豪俠類, 풍자류諷刺類 등으로 나뉜다. 그 가운데 신괴류는 신화 모티프가 가장 풍부히 내포된 작품이다. 예를 들어 왕도王度의 「고경기」古鏡記는 신비한 거울에 대한 이야기로 온갖 자연의 조화를 예측하고 다스리는 거울을 부리는 기이한 행적을 내용으로 한다. 또한 작자 미상의 「보강총백원전」

補江總白袁傳은 젊은 여성을 납치하는 흰 원숭이에 대한 이야기로 『산해경』에 수록된 원숭이 모티프의 연장선상에 있다. 이 밖에도 이조위李朝威의 「유의전」柳毅傳은 용왕의 딸과 결혼한 가난한 선비의 이야기이다. 이에 비해 애정류에 속한 전기에는 아름다운 기녀와 선비의 사랑 이야기인 「이와전」李娃傳, 「곽소옥전」霍小玉傳 및 사족士族 청춘 남녀가 벌인 혼전의 연애를 묘사한 「앵앵전」鶯鶯傳 등이 있다. 호협류 전기는 뛰어난 무예와 함께 도술에도 능통한 협객俠客이 악의 세력을 물리치고 자신의 주인 혹은 정의正義를 수호한다는 내용이다. 「규염객전」虯髥客傳, 「섭은낭」聶隱娘, 「곤륜노」崑崙奴 등의 이야기가 이에 해당된다. 풍자류 전기는 당시의 세태를 풍자하거나 인생의 깨달음을 주제로 한 소설이다. 꿈속에 개미 나라에 가서 공주와 결혼하고 출세했다가 깨 보니 허망한 꿈이었다는 「남가태수전」南柯太守傳, 역시 꿈속에서 높은 벼슬에 올랐는데 만년에 몰락한 꿈을 꾸고 삶의 의미를 깨달았다는 「침중기」枕中記 등이 그것이다.

당대 이후 송대宋代에 들어서서 문언소설은 이방李昉 등에 의해 『태평광기』太平廣記라는 방대한 책으로 집대성된다. 고대부터 송대까지의 지괴, 전기 등 모든 문언소설이 망라되어 있는 이 책은 고려 시대에 우리나라에도 전래되어 우리 고소설古小說 발전에도 지대한 영향을 미쳤다.

송, 원 시대를 거쳐 명대明代에는 구우瞿佑에 의해 문언소설집인 『전등신화』剪燈新話가 지어졌는데 이 책은 용궁 방문, 선녀와의 결혼 등의 환상적 제재를 다루었다. 이 책 또한 우리나라에 전래되었고

조선 시대에 김시습金時習의 『금오신화』金鰲新話 창작에 많은 영감을 주었다.

청대의 문언소설로는 포송령蒲松齡이 지은 『요재지이』聊齋志異가 대표작이다. 이 책은 여우가 아리따운 아가씨로 둔갑하여 인간 남성과 혼인한 이야기, 별세계別世界에서 노닐던 이야기 등 초현실의 환상세계와 사랑 이야기를 통하여 현실을 풍자하거나 비판한다. 이와 같은 『요재지이』의 환상적 이야기들은 당시 독자들에게 널리 사랑을 받았다. 또한 그 이야기들은 한 시대에 유행한 것으로 그치지 않고 지금도 영상물 창작의 제재로 활용되고 있다. 예를 들어 「섭소천」聶小倩 이야기는 귀신과 사람의 사랑을 다룬 홍콩 영화 「천녀유혼」倩女幽魂으로 재창조되었고 「화피」畫皮 역시 환상적 스릴러 영상물로 탈바꿈되었다.

지금까지는 중국 문언소설의 흐름을 살펴보았다. 이에 비해 백화소설의 흐름은 송대 이후부터 시작된다. 중국의 백화소설은 장편 백화소설과 단편 백화소설로 나뉘는데, 단편 백화소설은 일반적으로 이야기꾼의 말투가 남아 있는 화본소설話本小說이란 명칭으로 불린다. 화본소설의 기원으로는 돈황敦煌에서 발견된 당대 민간의 강창문학講唱文學이 언급되고 있다. 기록이 보편화되지 않았던 시기에 서민들은 이야기꾼의 이야기 듣는 것을 오락으로 삼았다. 그중 우리나라의 판소리처럼 이야기와 창을 섞어 공연하는 이를 일러 설창인說唱人이라고 하였다. 이 설창인의 공연을 문자로 기록한 것을 강창문학이라고 한다. 강창문학은 이야기 부분과 운문韻文 부분으로 이루어진 독특한 형식을 지니고 있는데, 이러한 강창문학이 기록문학으로 자리 잡게 되면서 운문 부분이 축소되고 이야기 부분이 강화되는 형태로 화본소설이 등장한 것이다. 화본소설은 기본적으로 입화入話, 정화正話, 편미篇尾의 3단계 형식을 취하고 있다. 이는 민간 공연문학의 특성이 반영된 것인데, 입화는 일반적으로 본 내용과 연관이 있는 시가詩歌나 짧은 이야기로 구성되어 있다. 정화는 주가 되는 이야기로 백화白話 산문散文으로 이야기를 끌어가다가 중간중간 시詩 또는 간단한 언어諺語를 삽입하여 이야기를 정리하거나 앞으로 벌어질 상황을 예시하는 형식을 취한다. 편미는 일반적으로 작품 내용을 총괄하는 시나 본문에 대한 저자의 평評으로 이루어져 있는데 교훈적인 내용이 많이 담겨 있다. 이에 비해 장편의 백화소설은 '장'章 또는 '회'回로 나누어져 있기에 장회소설章回小說이라고 일컬어지는데 여기에는 『삼국연의』三國演義, 『수호전』水滸傳, 『서유기』西遊記, 『금병매』金瓶梅로 대표되는 중국의 '사대기서'四大奇書, 혹은 『홍루몽』紅樓夢과 『유림외사』儒林外史까지도 포함해 '육대기서'라고 불리는 소설이 해당된다.

『삼국연의』는 원대元代의 문인 나관중羅貫中의 작품으로 위魏, 촉蜀, 오吳 세 나라가 중원의 패권을 다투었던 내용을 중심으로 하는 역사소설이다. 이 소설에서 나관중은 역사적으로는 승자였던 위나라의 조조曹操를 오히려 깎아내리고 가장 미약했던 촉나라의 유비劉備를 정통으로 부각시켰다. 특히 이 작품은 이야기꾼의 단골 소재가 되었는데, 이야기꾼이 약간의 허구적 수사를 덧붙여서 유비가 승리하는 부분을 서술하면 청중들은 환호하였고 조조가 득세하는 이야기에 이르면 실망하는 모습을 자아냈다고 한다.

『수호전』은 명대의 문인 시내암施耐庵의 작품으로 양산박梁山泊에 모인 108명의 영웅호걸에 대한 이야기이다. 이들 영웅호걸은 제각기 불행한 경력을 지니고 있다. 과거에 급제하지 못한 사람, 살인을 저지르고 도망친 사람 등 과거의 상황은 순탄치 않았지만 부패한 관官에 맞서고 의義를 향해 매진한다는 점에서는 공통적이다. 이 소설은 나라에서 '도둑을 가르치는 책'이라고 규정되어 금서禁書 항목에 묶이기도 했다. 하지만 시대를 뛰어넘는 큰 인기를 누렸고 후대의 무협소설에도 많은 영향을 미쳤다.

『서유기』는 명대의 하급 관리인 오승은吳承恩의 작품으로 신화적 모티프로 가득한 신마소설神魔小說이다. 실제로 당나라 때 현장법사玄藏法師가 인도로 불경을 구하러 간 사실에 근거한 이야기로서 원숭이 손오공孫悟空이 저팔계豬八戒, 사오정沙悟淨, 삼장법사三藏法師 등과 함께 서쪽 천축天竺으로 불경을 구하러 가는 내용이다. 작품에 등장하는 화염산火焰山 등의 지명과 수많은 요술은 신화에서 유래한 소재들이다. 이 소설은 동아시아 각국에서 현대까지도 줄곧 재생산되어 만화, 영화, 게임, 애니메이션 등의 소재가 되고 있다.

『금병매』는 지은이가 난릉蘭陵의 소소생笑笑生이라고만 밝혀진, 작자 미상의 명대 소설이다. 이 작품은 파격적인 남녀의 애정 묘사와 악인을 주인공으로 삼았다는 점이 매우 독특하다. 남자 주인공 서문경西門慶이 자신을 둘러싼 반금련潘金蓮 등의 여인들과 벌이는 애정

행각을 중심으로 하는 내용으로 파격적인 애정 행위의 묘사, 시대상을 뛰어넘는 적극적인 여성 인물의 등장, 당시 대두되는 상인 계층의 모습 등을 생동감 있게 묘사한 작품으로 평가받는다. 이러한 독특한 작품이 만들어진 배경에는 인간의 욕망을 긍정적으로 보는 명대 양명학陽明學 좌파의 부상이 있었다. 따라서 예의와 염치를 우선으로 삼는 소설이 아닌 적나라한 욕망을 서술한 소설이 등장할 수 있었던 것이다.

『홍루몽』은 청대 장회소설의 대표격으로 총 120회로 구성된 작품이다. 전반부 80회는 몰락한 귀족인 조설근曹雪芹에 의해 지어졌고 후반부 40회는 문인 고악高顎이 이어서 서술하였다. 이 작품은 남주인공 가보옥賈寶玉과 대관원大觀園 여성들의 생활을 주된 내용으로 다룬다. 내용의 시작 부분부터 여와女媧 신화와 관련된 내용이 등장하며 이는 이야기의 종결까지 연결되는 중요한 모티프로 작용된다. 현재까지도 이 작품은 중국에서 가장 사랑받는 고전소설 작품으로 취급되며 『홍루몽』만을 전문적으로 연구하는 학문 분야를 '홍학'紅學이라고 부른다.

『유림외사』는 청대의 문인 오경재吳敬梓의 작품으로 당시 관료의 부패, 지식인의 허위의식, 과거제도의 모순 등을 그려냈다. 이 소설은 일관된 줄거리 없이 여러 단편을 엮어 놓은 옴니버스 형식을 취하고 있다. 특히 사대부의 추악한 일면 및 과거 시험장에서의 부정행위가 날카롭게 파헤쳐져 있어 중국의 대표적 풍자소설로 손꼽힌다.

이 밖에도 신화적 요소를 풍부히 지닌 소설로 명대의 『봉신연의』

封神演義와 청대의 『경화연』鏡花緣을 간과할 수 없다.

『봉신연의』는 허중림許仲琳이라는 사람이 지었다고 하나 확실치 않다. 그 내용은 폭군 주왕紂王이 다스리는 은殷나라를 성군인 주周 무왕武王과 강태공이 정벌하여 주周나라를 건국하는 과정에서 벌어지는 신들 간의 전쟁이다. 이 책에는 구미호九尾狐가 둔갑한 미녀인 달기妲己 등의 요괴 및 마귀 등과 싸우는 과정 중에 전개되는 도술, 환술幻術 등 다양한 신화 모티프가 등장한다. 이처럼 『봉신연의』는 환상성이 풍부하기에 『서유기』 등 유사한 성격의 작품들과 더불어 '신마소설'神魔小說로 지칭된다.

청대의 문인 이여진李汝珍에 의해 지어진 『경화연』은 당나라 측천무후則天武后 시기를 배경으로 한다. 중상모략에 시달린 수재秀才 당오唐敖는 친구 다구공多九公 등과 함께 처남인 무역상 임지양林之洋의 상선을 타고 해외 각국을 돌아다닌다. 각 나라 중에는 군자국君子國, 소인국小人國, 여아국女兒國, 헌원국軒轅國, 흑치국黑齒國 등이 있으며 이러한 이방의 세계는 기상천외한 풍속 습관과 진기한 동식물로 가득 차 있다. 그러나 이 작품의 목적은 단순히 기이한 내용을 전달하는 데에 있는 것이 아니라 이러한 괴담들을 통하여 중국의 왜곡된 현실을 풍자하려는 데 있다.

이상과 같이 중국 소설의 대략적인 흐름을 살펴보았다. 이미 언급했듯이 중국 소설은 신화에서 출발했기에 신화의 자양분을 토대로 하여 성장, 발전하였다. 그중에서도 특히 지리박물류의 지괴와 신괴류의 전기 및 명, 청대의 신마소설은 이야기꾼 혹은 전업 작가들에 의해 신화적 구조 혹은 신화적 모티프를 바탕으로 한 스토리텔링의 작업 위에서 이루어졌음을 확인할 수 있다. 따라서 이들 소설은 동시대의 다른 소설에 비해 신화의 혈통에 보다 근접한 관계를 지닌다고 할 수 있을 것이다.

3. 중국신화와 지괴志怪

서양 소설은 '신화-서사시-로망스-근대소설'의 경로를 밟지만 중국 소설은 서사시의 단계가 없고 '신화-지괴-전기-백화소설'로 변천한다. 서사시는 사실상 신화의 다른 버전이라 할 만한데, 중국 소설의 경우 서사시의 자리에 해당하는 지괴는 그것과 형식은 매우 다르지만 신화의 영향만큼은 다른 어떤 소설 양식보다도 많이 받았다고 할 수 있다. 중국의 대표적 신화집인『산해경』은 '환상의 근원'(語怪之祖)이라든가 '소설의 원조'(小說之最古者)로서 간주되어 왔다. 최초의 소설 양식인 지괴가 형식, 내용 양면에서 이 책과 밀접한 관계가 있음은 물론이다.

여기에서는 동방삭東方朔의『신이경』神異經과 간보의『수신기』搜神記를 예로 들어 신화의 수용을 살펴보기로 하겠다.

동방삭의 『신이경』

『신이경』의 저자에 대해서는 동방삭이 지었다는 설도 있고 후세 사람이 동방삭의 이름을 빌려 지었다는 설도 있다. 동방삭은 산동

복숭아를 훔쳐 달아나는 동방삭
(명明 오위吳偉, 〈동방삭투도도〉東方朔偸桃圖)

사람으로 한漢 무제武帝 때 기행과 해학, 점술 등으로 이름났던 인물이다. 그는 후세에 세성歲星의 화신, 신선 등으로 전설화되기도 했다. 우리는 동방삭의 창작 여부를 떠나 이러한 인물에 가탁한 것만으로도 『신이경』의 성격을 짐작할 수가 있다. 『신이경』은 『산해경』으로부터 영감을 강하게 받은 환상적 내용으로 가득 찬 책이다. 『신이경』은 「동황경」東荒經·「동남황경」東南荒經·「남황경」南荒經·「서남황경」西南荒經·「서황경」西荒經·「서북황경」西北荒經·「북황경」北荒經·「중황경」中荒經의 순서로 각지의 신과 이방인, 이상한 사물, 신비한 지역 등에 대해 묘사하고 있는데, 기본적으로 이것은 『산해경』의 동·서·남·북·중 5개의 산경山經, 5개의 해내경海內經, 4개의 해외경海外經, 4개의 대황경大荒經 등 18편의 구성과 서술 내용을 패러디한 것이다. 『신이경』에서 지역을 표시하는 '황'荒은 『산해경』의 '대황'大荒에서 따온 것으로 중국에서 가장 먼 지역을 의미한다.

『신이경』의 공간은 온통 '황'뿐이므로 '거리가 멀수록 차이가 극화된다'는 상상지리학의 원리에 따라 『신이경』의 작자는 황당하고 기이한 사물에 대한 요설饒舌을 늘어놓을 수 있었을 것이다. 가령 『산해경』에서 단순한 식인 동물이었던 궁기窮奇가 『신이경』에 이르러 어떻게 변모하였는지를 살펴보자.

다시 서쪽으로 260리를 가면 규산이라는 곳이다. 산 위에 어떤 짐승이 사는데 생김새가 소 같고 고슴도치 털이 나 있다. 이름을 궁기라고 하며 소리는 개 짖는 것 같고 사람을 잡아먹는다.

又西二百六十里, 曰邽山. 其上有獸焉, 其狀如牛, 蝟毛. 名曰窮奇, 音如獋狗, 是食人.(『산해경』「서차사경」西次四經)

궁기는 생김새가 호랑이 같은데 날개가 있다. 사람을 잡아먹는데 머리부터 시작하며, 잡아먹히는 것은 머리를 풀어 헤치고 있다.

窮奇狀如虎, 有翼, 食人從首始. 所食被髮.(『산해경』「해내북경」海內北經)

서북쪽에 있는 어떤 짐승은 생김새가 호랑이와 비슷하고 날개로 날 수 있어 사람을 채뜨려 잡아먹는다. 사람의 말을 알아들어서 싸우는 소리를 듣고는 번번이 정직한 사람을 잡아먹는다. 어떤 사람이 성실하다는 말을 들으면 그의 코를 베어 먹고, 흉악하고 그릇되다는 말을 들으면 항상 짐승을 잡아 선물로 바친다. 이름을 궁기라고 하며 여러 새나 짐승도 잡아

괴팍한 동물 궁기
(『산해경회도』)

먹는다.

西北有獸焉, 狀似虎, 有翼, 能飛, 便剿食人. 知人言語, 聞人鬪, 輒食直者,
聞人忠信, 輒食其鼻, 聞人惡逆不善, 輒殺獸往饋之. 名曰窮奇. 亦食諸禽
獸也.(『신이경』「서북황경」)

궁기가 「서북황경」에 있는 것은 본래 『산해경』의 「서차사경」과
「해내북경」에 기록이 있는 것을 고려하여 배치한 것이리라. 그런데
생김새는 「해내북경」에서 묘사된 것을 취하였다. 궁기는 식인 동물
이긴 하되 엉뚱한 괴물로 변모하였다. 그것은 정직하고 성실한 사람
을 벌주고 흉악하고 그릇된 사람을 상 주는, 가치가 전도된 괴물이
다. 환상은 불만스러운 현실을 폭로하는 또 다른 방식일 수 있다.
『신이경』 속의 환상을 이러한 측면에서 읽는다고 할 때 우리는 궁기
를 『신이경』 작자의 풍자 의식에 의해 새롭게 빚어진 괴물로 파악할

견우와 **직녀**(고구려 덕흥리 고분 벽화)　　　　동영과 **직녀**(『백효도』百孝圖)

수 있을 것이다. 정직한 사람이 망하고 거짓된 사람이 득세하는 세상, 궁기는 이 모든 부조리한 현실의 화신인 것이다.

간보의 『수신기』

　『수신기』는 지괴의 대표작이라 할 만하며 이 책에 실린 괴담들은 한국, 일본 등 동아시아의 설화문학에도 많은 영향을 미쳤다. 작자 간보는 동진 시기의 유명한 문인으로 당시의 신비주의자였던 갈홍, 곽박 등과 친하게 사귀었을 뿐만 아니라 그 자신도 귀신, 요괴, 변신, 환생, 이상한 사물 등에 대해 많은 관심을 갖고 각지의 이야기를 수집하여 『수신기』를 지었다. 『수신기』에는 신화에서 유래했거나 신화를 각색한 많은 이야기들이 담겨 있는데 다음의 동영董永 이야기는 유명한 견우직녀牽牛織女 신화에서 모티프를 취해 창작한 것이어서 주목을 끈다.

견우직녀 신화의 가장 오래된 기록은 『시경』詩經에 있다.

하늘에 은하수,	維天有漢,
희미하게 빛나는데	監亦有光.
저 직녀 바라보니,	跂彼織女,
종일 베틀에 일곱 번이나 오르네.	終日七襄.
일곱 번이나 올라도,	雖則七襄,
고운 비단 짜지지 않고	不成報章.
반짝이는 저 견우는,	睆彼牽牛,
수레를 끌지 않네.	不以報箱.[62]

최소한 기원전 5세기 이전부터 유행했던 견우직녀 신화는 이후 오랜 세월 동안 사람들의 심금을 울렸는데, 후대에 이르러 다른 종류의 이야기로 거듭난다.

한나라의 동영은 천승 사람이었다. 어려서 어머니를 여의고 아버지와 함께 살았다. 힘써 농사를 지었고 작은 수레에 아버지를 모시고 다녔다. 아버지가 돌아가셨는데 장례를 지낼 능력이 없어서 제 몸을 종으로 팔아 장사를 치렀다. 주인이 그가 착함을 알고 돈 일만 전을 보내 주었다. 동영은 3년상이 끝나자 주인에게 돌아가 종살이를 하려고 하였다. 주인집으로 가는 도중에 한 여인을 만났는데 여인이 "그대의 아내가 되고자 합니다"라고 하니 마침내 함께 살게 되었다. 주인이 동영에게 말하기를 "돈을 너에게 그냥 주겠다"라 하였으나 동영은 "주인님의 은혜를 입어 아버님 장례를 잘 치렀습니다. 제가 비록 보잘것없는 인간이나 반드시 부지런히 일해서 두터운 은혜에 보답하고자 합니다"라고 하였다. 주인이 말하기를 "부인은 무슨 일을 잘하는가?" 하여 동영이 말하기를 "베짜기를 잘합니다"라고 하였다. 주인이 말하기를 "정말 그렇다면 그대 부인이 나를 위해 비단 백 필을 짜 주면 좋겠구나"라고 하였다. 그러자 동영의 아내는 주인집을 위해 비단을 짰는데 열흘 만에 일을 끝냈다. 그녀가 문을 나서며 동영에게 일러 가로되 "나는 하늘의 직녀이다. 그대의 효성이 지극하여 천제께서 나에게 그대를 도와 빚을 갚도록 한 것이다"라고 하였다. 말이 끝나자 하늘로 솟구쳐 갔는데 어디로 갔는지를 몰랐다.

漢董永, 千乘人. 少偏孤, 與父居. 肆力田畝, 鹿車載自隨. 父亡, 無以葬, 乃自賣爲奴, 以供喪事. 主人知其賢, 與錢一萬, 遣之. 永行三年喪畢, 欲還主人, 供其奴職. 道逢一婦人曰, 願爲子妻. 遂與之俱. 主人謂永曰, 以錢與君矣. 永曰, 蒙君之惠, 父喪收藏. 永雖小人, 必欲服勤致力, 以報厚德. 主曰, 婦人何能. 永曰, 能織. 主曰, 必爾者, 但令婦爲我織縑百匹. 於是永妻爲主人家織, 十日而畢. 女出門, 謂永曰, 我天之織女也. 緣君至孝, 天帝令我助君償債耳. 語畢, 凌空而去, 不知所在.[63]

천상에 있던 직녀가 동영의 효성에 감복하여 지상에 내려와 그의 아내가 되어 빚을 갚아 준다는 이 이야기는 애틋하기만 했던 견우직녀 신화로부터 분위기가 일변하여 엄숙하고 교훈적이다. 이 이야기는 원래 한나라 유향劉向의 『효자전』孝子傳에 실려 있었다. 유향은 유학자로 유교의 중요한 덕목인 '효'孝를 고취하기 위해 『효자전』을 지었던 것임이 분명하다. 그렇다면 동영 이야기는 '효' 이데올로기와 상관된 스토리텔링의 결과물일 가능성이 높다. 작자는 민간에서 떠돌던 동영 이야기에 당시 인기 있던 견우·직녀 신화의 직녀 캐릭터를 편입하여 이야기의 인지도를 높이고 '효'의 보상을 극대화하는 이야기 장치로서 교훈적 효과를 고양하고자 했던 것이다.

4. 중국신화와 전기傳奇

전기의 여러 부류 중 신괴류神怪類 전기는 지괴의 장르적 전통을 계승했기 때문에 신화의 수용이 여타 전기에 비해 두드러진다. 여기에서는 왕도王度의 『고경기』古鏡記와 작자 미상의 「보강총백원전」補江總白猿傳을 예로 들어 신화의 수용을 살펴보겠다.

왕도의 『고경기』

왕도는 당나라 초기의 문인으로, 그의 생애는 자세히 알려진 바가 없다. 동경은 청동기 시대부터 제작되어 주술적인 도구로 사용되어 왔지만 정작 동경과 관련된 신화는 짤막하기 그지없다.

옛날에 황제가 쇠를 녹여 신물神物을 만들었는데 이때 거울을 만든 것이 모두 15개였다.[64]

왕도는 이 단편적인 신화 내용을 근거로 동경의 주술적 역량을 한껏 표현한 재미있는 소설을 써 냈다. 『고경기』의 내용을 요약하면 다음과 같다.

수隋 양제煬帝 대업大業 7년 5월, 천하 기사奇士인 후생侯生이 죽으면서 왕
도에게 황제의 오래된 거울을 전한다. 왕도는 장안으로 돌아오는 도중,
계집종으로 변한 여우의 정체를 거울로 파악하게 되어 우연히 거울의 신
비한 능력을 깨닫게 된다. 그 후 다시 노복 표생豹生에게 거울의 내력에
대해서 듣게 되고 호승胡僧이 나타나 동생 왕적王勣에게 거울의 여러 가
지 사용법을 가르쳐 주고 간다. 다시 왕도는 예성현芮城縣에서 큰 뱀을 퇴
치하고 아전 장용구張龍駒 집안의 질병을 치료한다. 대업 10년, 왕도는
관직을 그만두고 방랑의 길을 떠나는 동생 왕적에게 거울을 빌려 준다.
왕적은 3년 만에 돌아와 그동안 거울 때문에 겪은 갖가지 신비한 사건들
을 형에게 이야기한다. 즉 숭산에서는 산공山公과 모생毛生이라는 사람
으로 변신한 거북과 원숭이를, 옥정玉井에서는 이무기를, 그리고 장기張
琦 집안의 여자를 괴롭힌 늙은 수탉을, 이경신李敬愼 집안의 세 자매를 농
락한 족제비와 늙은 쥐, 도마뱀 등을 각각 퇴치하고 빨리 돌아가라는 거
울 정령의 예고에 따라 급히 귀향한 것이다. 왕적이 돌아온 지 몇 개월 후
인 대업 13년 7월 15일, 거울은 갑匣 속에서 스스로 사라져 버리고 만다.

작자는 우선 동경이 신물이라는 사실을 강조하기 위하여 발단부
에서 황제 신화를 끌어내어 동경이 황제가 주조한 15개의 동경 중 여
덟 번째 것임을 밝혔다. 신화와 도교적 전통에서 최고의 지위를 차
지하고 있는 황제를 내세움으로써 동경의 신비한 능력이 고양되었

효양국 사람(『산해경회도』)

고, 이것을 근거로 요괴 및 괴물 퇴치, 질병 치료, 자연력 제압 등의 갖가지 이야기들이 전개될 수 있었던 것이다.

작자 미상의 「보강총백원전」

「보강총백원전」은 백원白猿, 곧 신통한 능력을 지닌 흰 원숭이의 미인 납치 및 구출과 관련된 모험담이다. 『산해경』에는 원숭이와 관련된 이야기들이 여럿 있다.

「남산경」의 첫머리는 작산이라는 곳이다. 작산의 첫머리는 소요산이라는 곳인데 서해의 가장자리에 잇닿아 있다. 이 산에는 계수나무가 많고 금과 옥이 많이 난다. ……이곳의 어떤 짐승은 생김새가 긴꼬리원숭이 같은데 귀가 희고 기어 다니다가 사람같이 달리기도 한다. 이름을 성성猩猩이라고 하며 이것을 먹으면 달음박질을 잘하게 된다.

南山經之首曰鵲山. 其首曰招搖之山, 臨於西海之上. 多桂多金玉. ……有獸焉, 其狀如禺而白耳, 伏行人走. 其名曰猩猩, 食之善走.[65]

성성이는 사람의 이름을 알며, 생김새는 돼지와 비슷하나 사람 얼굴을 하고 있다.

狌狌知人名, 其爲獸如豕而人面.[66]

효양국이 북구의 서쪽에 있다. 그 생김새를 보면 사람의 얼굴에 입술이 길고 검은 몸빛에 털이 나 있으며 발뒤꿈치가 반대로 향하였다. 사람을 보면 웃으며, 왼손에 대통을 쥐고 있다.

梟陽國在北朐之西. 其爲人, 人面長脣, 黑身有毛, 反踵. 見人則笑, 左手操管.[67]

원숭이를 색다른 인종처럼 그리고 신비하고 괴이한 능력을 지닌 존재로 간주하는 듯한 이러한 묘사는 지괴인 『수신기』에 이르면 좀 더 적극적이고 구체적으로 인간사에 개입하는 원숭이의 행위로 표현된다.

촉 땅의 서남쪽 고산 위에 어떤 이상한 동물이 살고 있는데 원숭이와 비슷하며, 그 키는 7척에 능히 사람과 같은 행동을 한다. 또한 사람을 쫓아오기를 잘한다. 이름을 가국이라 하며 일명 마화 혹은 확원이라고도 한다. 길 가는 부녀자들을 엿보고 있다가 예쁜 여자가 지나가면 곧바로 낚아채어 달아나는데, 사람들이 이를 눈치채지 못한다. 이에 행인들은 그들이 있는 곁을 지나게 될 때면 모두가 긴 끈으로 서로를 묶어 보호하지만, 그래도 그들의 납치를 면할 수는 없다. 이 동물은 능히 남녀를 냄새로 구별할 수 있기 때문에 여자들만 골라 가고 남자는 거들떠보지도 않는다. 그 여자들을 끌고 가서는 자신들의 아내로 삼으며 그 여자가 아이를 낳아 주지 않으면 종신토록 풀려날 수가 없다. 10년 후면 붙들려 간 여자들도 결국 그들의 모습을 닮게 되고 정신 또한 미혹되어 더 이상 집 생각을 하지 않는다. 만약 그 여자들이 아이를 낳게 되면, 곧바로 그 여자들로 하여금 아이를 안고 본래의 집으로 되돌아가도록 돌려보내 버린다. 그들이 낳은 아이는 보통 사람과 똑같다. 만약 여자의 집에서 그녀가 낳아 온 아이를 기르지 않겠다고 하면 그 아이의 어머니가 죽게 된다. 따라서 여자들은 죽음이 두려워서도 그 이상한 아이를 기르지 않을 수 없다. 아이가 자라면 사람과 달라진다. 이들은 모두가 양씨로 성을 삼는다. 그 때문에 지금 촉 땅 서남쪽에는 여러 양씨들이 많은데, 이들 모두가 가국, 마화의 자손들이다.

蜀中西南高山之上, 有物, 與猴相類, 長七尺, 能作人行, 善走逐人. 名曰猳國, 一名馬化, 或曰玃猿. 伺道行婦女, 有長者輒盜取將去, 人不得知. 若有行人經過其傍, 皆以長繩相引, 猶故不免. 此物能別男女氣臭, 故取女, 男不知也. 若取得人女, 則爲家室. 其無子者, 終身不得還. 十年之後, 形皆類之, 意亦迷惑, 不復思歸. 若有子者, 輒抱送還其家. 產子皆如人形. 有不養

者, 其母輒死. 故懼怕之無敢不養. 及長與人不異. 皆以楊爲姓. 故今蜀中
西南, 多諸楊率, 皆是猳國馬化之子孫也. [68]

원숭이의 부녀 납치 모티프는 결국 전기 「보강총백원전」의 중심
주제가 되고 원숭이는 이제 단순한 동물이 아니라 인간보다 우월한
능력을 지닌 신비한 존재로 그려진다. 「보강총백원전」의 요약된 내
용을 보자.

양나라 때에 장군 구양흘이 남방을 평정하다가 어떤 산골에서 묵게 되었
는데 밤중에 예쁜 아내가 실종되었다. 오랫동안 수색을 하고도 찾지 못
하던 어느 날, 별천지 같은 곳을 발견하였는데 그곳에 아내와 수십 명의
여자가 흰 원숭이에게 납치되어 살고 있는 것을 알게 되었다. 흰 원숭이
는 천 살이나 먹었는데 무술과 도술이 뛰어나서 대적할 사람이 없었다.
구양흘은 아내와 계략을 세워 흰 원숭이를 취하게 한 다음 칼로 찔러 죽
이고 아내와 여자들을 구출하여 돌아왔다. 그런데 후일 그의 아내가 원
숭이를 닮은 아기를 낳았다. 그 아이는 자라서 당나라 때에 훌륭한 학자
이자 서예가가 되었다.

이 소설은 원숭이 아이가 당나라의 유명한 서예가 구양순歐陽詢임
을 암시하고 있는데 구양순의 얼굴이 원숭이를 닮은 것에 착안하여
그의 정적이 구양순을 조롱하려고 지은 것이라는 설이 있다. 소설을
써서 사람을 공격하는 이른바 영사소설影射小說의 전통은 「보강총백

당대唐代의 명필 구양순의 글씨

원전」에서 시작되었다고 할 수 있다. 도술을 지닌 못된 원숭이의 이미지는 후일 명대 소설 『서유기』의 주인공인 손오공 캐릭터로 이어진다.

5. 중국신화와 백화소설 白話小說

중국의 백화소설은 송, 원 시대를 거쳐 명, 청 시대의 장편 장회소설章回小說에 이르면 내용과 형식 면에서 고도의 수준에 도달한다. 이야기꾼들은 신화적 모티프를 단순 활용하는 것에 그치지 않고 신화적 구조, 원형 등을 적절히 안배하여 소설의 구성미를 돋보이게 하고 의미를 심오하게 하였다. 신화는 장회소설의 여러 부류 중에서도 환상성이 풍부한 신마소설 류의 작품들 속에 많이 수용되어 있다. 여기에서는 『서유기』, 『홍루몽』, 『봉신연의』 등의 예를 들어 신화의 수용을 살펴보기로 한다.

오승은의 『서유기』

서양 판타지의 백미 『반지의 제왕』보다도 수백 년이나 앞선 동양 판타지의 고전인 『서유기』가 오늘날에도 여전히 우리에게 즐거움과 감동을 주는 이유는 무엇일까? 그것은 수많은 흥미진진한 소재 때문이기도 하지만 근원적으로는 『서유기』의 구조가 우리에게 너무나 익숙한 신화적 원형에 뿌리를 두고 있기 때문이다. 중국신화에서 서

서쪽으로의 여행길에 오른 주 목왕(『제감도설』)

쪽으로의 모험적 여정의 원형은 『목천자전』穆天子傳에 있다. 주周 목
왕穆王이 여덟 필의 준마가 이끄는 수레를 타고 서쪽으로 여행한 끝
에 곤륜산에 이르러 서왕모를 만나 사랑에 빠졌다 돌아왔다는 이야
기가 그것이다. 주 목왕의 '서유'西遊 신화는 '출발 – 입문 – 회귀'라
는 영웅신화의 전형적인 패턴을 보여준다. 영웅은 집을 나와 여행길
에 나서 괴물을 퇴치하거나 악당을 징벌하는 등의 모험을 하고 미녀
와 만나거나 불사약, 보물 등을 획득하고 돌아오게 되어 있는데 이러
한 지상의 행로는 자신의 거친 마음을 다스려 나가 종국에는 온전한
인격을 획득하는 마음의 행로를 상징한다.

　『서유기』의 작자는, 『목천자전』에서 보이는 서방 곤륜산에 대한

손오공 일행의 귀환 / 반도원의 손오공(『서유기』의 삽화)

중국 전통의 낙원 의식과 불교 전입 이후 형성된 서방 정토淨土에 대
한 종교적 열망을 결합하여 『서유기』라는 모험담을 엮어 낸 것이다.
따라서 손오공 일행이 온갖 욕망과의 투쟁을 극복하고 서천에 도달
하여 불경을 얻어 당나라로 돌아오는 과정은 미완성의 인격체가 내
면의 욕망과 갈등을 다스려서 완전한 인간으로 거듭나는 과정에 그
대로 상응한다.

　주 목왕의 여행 혹은 탐색의 신화적 구조 이외에도 『서유기』에는
허다한 신화적 모티프가 수용되어 있다. 가령 제5회에서 서왕모의
반도대회蟠桃大會에 초대받지 못한 손오공이 홧김에 반도원蟠桃園의
복숭아를 마음껏 따먹고 소란을 피운 일은 서왕모 신화로부터 착상

파초선을 부치는 손오공
(『서유기』의 삽화)

금성신(당唐 양영찬梁슈瓚의
『오성이십팔수신형도』五星二十八宿神形圖)

되었으며, 제61회에서 더위로 손오공 일행의 갈 길을 막은 화염산火
焰山은 곤륜산을 둘러싼 불의 산인 염화산炎火山에서 소재를 취한 것
이고, 손오공 일행이 매번 곤경에 처할 때마다 나타나 갈 길을 알려
주는 태백금성太白金星은 별의 신인 금성신金星神에서 유래한 것이다.

조설근의 『홍루몽』

『홍루몽』은 신마소설이 아닌 애정소설임에도 불구하고 시작과 결
말을 창조의 여신 여와의 신화 모티프로 장식하여 작품의 숙명론적,
계시적 분위기를 짙게 이룩하고 있다. 먼저 여와 신화의 내용을 살
펴보자.

아득한 옛날 하늘을 떠받치는 네 기둥이 무너지고 중국의 온 땅이 갈라
졌다. 하늘은 땅을 덮지 못하고 땅은 만물을 다 싣지 못하였으며 불길이

돌을 다듬는 여와
(『중국고대민간복우도설』)

청경봉의 돌
(『홍루몽』의 삽화)

일어나 꺼지지를 않았고 물이 넘쳐 그치지를 않았다. 게다가 맹수는 선량한 사람들을 잡아먹고 사나운 새는 노약자를 덮쳤다. 그러자 여와가 오색의 돌을 불로 다듬어 푸른 하늘을 깁고, 큰 거북의 발을 잘라 네 기둥을 다시 세웠다. 그리고 검은 용을 죽여 기주를 구하고 갈대 재를 쌓아 홍수를 막았다.

往古之時, 四極廢, 九州裂, 天不兼覆, 地不周載, 火爁炎而不滅, 水浩洋而不息, 猛獸食顓民, 鷙鳥攫老弱. 於是, 女媧鍊五色石以補蒼天, 斷鼇足以立四極, 殺黑龍以濟冀州, 積蘆灰以止淫水.[69]

『홍루몽』에서는 "여와가 오색의 돌을 불로 다듬어 푸른 하늘을 기웠"다는 대목에서 취한 돌의 모티프로, 소설의 연기緣起를 절묘하게 각색하였다. 제1회에서 새롭게 각색된 돌의 이야기는 다음과 같다.

옛날 여와씨가 돌을 달구어 하늘을 때울 때의 이야기다. 대황산 무계애에서 높이가 열두 길, 폭이 스물네 길이나 되는 너럭바위 3,651개를 불에 달구었는데 여와씨는 그중에서 3,650개를 쓰고 나머지 한 개를 남겨 이를 이 산의 청경봉 아래에 던졌다. 그런데 이 돌은 불에 단련된 뒤였으므로 신통하게도 혼자서도 생각할 수 있게 되었다.[70]

이 돌은 후일 인간 세상의 부귀영화를 누리고 싶어 망망대사茫茫大師와 묘묘진인渺渺眞人에게 간청하여 소설의 주인공인 가보옥賈寶玉으로 태어나고 그는 아름다운 여인들과 세상의 기쁨과 슬픔을 다 맛본 후 다시 청경봉 아래의 돌로 돌아가게 된다. 결국 『홍루몽』은 '돌의 이야기'인 셈인데 이 책의 또 다른 이름인 『석두기』石頭記는 이러한 내력 때문에 붙여진 것이다.

허중림의 『봉신연의』

『봉신연의』 역시 『홍루몽』과 마찬가지로 소설의 발단을 여와 신화로부터 취하고 그러한 설정이 소설의 구성에 큰 영향을 준다는 점에서 주목할 만하다. 『봉신연의』 제1회를 보면 은殷의 주왕紂王이 여와 여신의 사당을 참배할 때 소설의 발단을 결정짓는 사건이 일어난다.

주왕이 바라보니 궁전이 번듯하고 누각은 높이 솟았다. 홀연히 한바탕 바람이 불더니 장막을 말아 올려 여와 여신의 신상을 드러냈는데 용모가 수

폭군 주왕과 달기(『제감도설』)

려하고 상서로운 빛이 감돌았다. 천하의 미색으로 마치 살아 있는 것 같
아 하늘의 선녀가 강림한 듯, 월궁의 항아가 세상에 내려온 듯했다. ……
주왕이 한번 보고 나서 정신이 황홀하여 음탕한 마음이 불뚝 일어났다.

紂王正看此宮殿宇齊整, 樓閣豊隆, 忽一陣狂風卷起幔帳, 現出女媧聖像,
容貌端麗, 瑞彩翩徙, 國色天姿, 婉然如生, 眞是蕊宮仙子臨凡, 月殿姮娥下
世. ……紂王一見, 神魂飄蕩, 陡起淫心.[71]

결국 주왕의 음탕한 마음 곧 신성모독은 여와 여신의 분노를 촉발
하고 여신은 은나라를 멸망시킬 마음을 품게 된다. 그리하여 심복인
구미호를 요녀 달기妲己로 변신시켜 파견하여 주왕을 사치와 향락에

구미호(『괴기조수도권』)

빠뜨린다. 이후 신들은 은나라 편과 주나라 편으로 갈려 치열한 전쟁을 벌인다. 그런데 소설에서 주왕을 미혹시켜 은나라를 망치는 데 큰 역할을 담당하는 구미호 역시 유명한 신화적 캐릭터이다. 구미호는 일찍이 『산해경』에 다음과 같이 등장한다.

다시 동쪽으로 300리를 가면 청구산이라는 곳인데 그 남쪽에서는 옥이, 북쪽에서는 제비쑥이 많이 난다. 이곳의 어떤 짐승은 생김새가 여우 같은데 아홉 개의 꼬리가 있으며 그 소리는 마치 어린애 같고 사람을 잘 잡아먹는다. 이것을 먹으면 요사스러운 기운에 빠지지 않는다.
又東三百里, 曰靑丘之山, 其陽多玉, 其陰多靑蒮. 有獸焉, 其狀如狐而九尾, 其音如嬰兒, 能食人. 食者不蠱.[72]

본래 신화에서 구미호는 이미지가 그렇게 나쁜 편이 아니었다. 한대의 화상석에서 구미호는 서왕모와 더불어 나타날 정도로 상서로운 존재였다. 그러나 『봉신연의』에서는 구미호의 식인 행위에 착안하여 달기라는 음흉하고 잔인한 여성 이미지를 창조해 냈다. 달기곧 구미호는 주왕을 부추겨 무고한 사람들을 죽이게 하고는 밤이면그 시체를 파먹는 흉악한 요물로 전락한 것이다. 오늘날의 구미호에대한 나쁜 이미지는 원래의 신화가 아니라 소설 『봉신연의』에서 재창조된 이미지에 근거를 두고 있다.

이여진의 『경화연』

청대의 박식한 문인 이여진이 지은 『경화연』은 『산해경』의 서술체재를 원용했을 뿐만 아니라 다양한 신화적 모티프를 수용하여 신화에 의한 스토리텔링이 가장 뛰어난 작품이라 할 만하다. 소설의발단을 신화에서 끌어오는 수법은 『홍루몽』이나 『봉신연의』의 경우와 흡사하다. 제1회부터 6회까지에 걸쳐 서술되는 내용은 신화적 세계에서 소설적 현실로의 이행에 관한 것이다.

봉래산蓬萊山의 백화선자百花仙子가 서왕모의 생신을 축하하기 위해 곤륜산의 요지瑤池로 간다. 월궁의 항아가 잔치의 흥을 돋우기 위해 꽃을 피워 달라고 부탁하나 백화선자는 자연의 이치에 어긋난 그런 일은 절대로 있을 수 없다고 거절한다. 화가 난 항아는 만일 지상의 임금이 어명으로 꽃을 피우게 하는 일이 생기면 자신의 거처에 와서 꽃을 쓸어야 한다고 협박한다. 백화선자도 홧김에 그럴 경우 차라리 속세로 떨어지겠다고 응수한다. 수백 년 후 심월호心月狐가 측천무후로 태어날 때 항아가 강제로 꽃을 피우게 하라고 사주한다. 과연 측천무후가 어명으로 한겨울에 상림원上林苑의 꽃을 피우게 하자 백화선자는 과거에 스스로 한 말이 씨가 되어 하계의 인간으로 태어나 이역을 떠돌게 된다. 백화선자의 후신後身이 곧 소설의 주인공인 선비 당오唐敖이다.

당오의 연기緣起를 장황하게 서술하는 과정에서 서왕모를 비롯해 항아, 마고麻姑, 직녀 등 저명한 신화적 존재들이 출현하는 것은 물론이다. 이와 같은 신화적 설정하에 전개되는 소설은 주인공 당오가 처남 임지양林之洋의 배를 타고 친구 다구공多九公 등과 함께 군자국君子國, 소인국小人國, 흑치국黑齒國, 숙사국淑士國, 기설국歧舌國, 여아국女兒國, 헌원국軒轅國 등 이방의 나라들을 편력하며 그들의 기이한 풍습과 생활을 겪고 느끼는 내용으로 구성되어 있다. 그런데 군자국, 소인국 등은 『산해경』의 「해경」과 「황경」 등에 차례로 등장하는 이상한 나라들이다. 즉 『경화연』의 서사 체재는 기본적으로 『산해경』의 이방에 대한 여행 기록의 형식에 힘입고 있는 것이다. 이러한 지리박물류의 서사 체재는 이미 『신이경』, 『박물지』 등 지괴 작품에서도 시도된 바 있다. 아울러 당오 일행이 경험하는 각 나라의 풍정에 대한 서술 역시 『산해경』의 원문 내용에 기초해 있다. 가령 군자국에 대한 묘사를 보자.

다구공이 말했다. "내가 보건대 이 나라의 '군자국'이라는 이름과 '양보를 좋아하고 다투지 않는다'(好讓不爭)는 표현은 아마도 이웃 나라에서 붙여 준 것이라 그들은 모르는 듯합니다. 방금 길을 오면서 보니 농사짓는 사람은 밭두둑을 양보하고 길을 걷는 사람은 길을 양보하는 모습인데 이 것이 이미 '다투지 않는다'는 뜻인 데다 선비와 백성들이 빈부귀천을 막론하고 행동거지와 언행이 공손하고 예의가 있으니 또한 '군자'라는 두 글자에 부끄러움이 없습니다." 당오가 말했다. "말씀이 그렇긴 하나 천천히 관찰해 보면 그 실상을 알 수 있을 것입니다." 얘기하는 동안에 시끌벅적한 저자에 이르렀다. 문득 보니 한 군졸이 그곳에서 흥정을 하는데 손에 물건을 들고 말하였다. "노형, 질 좋은 물건을 이렇게나 싸게 저보고 사 가라면 어찌 마음이 편하겠습니까? 값을 좀 더 붙이시면 사도록 하겠습니다. 만약 더 이상 양보하시면 장사를 하지 않으시겠다는 뜻으로 알겠습니다." 당오가 이 말을 듣더니 속삭였다. "구공, 물건을 살 때는 장사꾼이 값을 부르고 사는 사람이 깎는 법인데 지금 장사꾼이 값을 불렀는데도 사는 사람이 깎을 생각을 안 하고 도리어 값을 더 붙이니 이런 얘기는 도대체 들어 본 적이 없습니다. 이로 보건대 '양보를 좋아하고 다투지 않는다'는 표현이 정말 괜한 소리가 아니군요." 장사꾼이 대답하는 소리가 들려왔다. "이렇게 찾아 주셨는데 어찌 소홀히 하겠습니까? 방금 제가 값을 너무 높게 불러서 그렇지 않아도 낯 두껍다 느꼈는데 뜻밖에 노형께서 도리어 질이 좋은데 싸다고 말씀하시니 어찌 제가 부끄럽지 않을 수 있겠습니까? 하물며 제 물건은 결코 제값이 아닙니다. 거기에는 덧붙인 게 많습니다. 속담에도 '값은 천정까지 부르고 깎는 것은 땅바닥까지 깎으라'고 했습니다. 지금 노형께서 깎지도 않으실뿐더러 도리어 값을 올리시려는데 이렇게 손해 보시려 한다면 딴 집에 가서 사시는 수밖에 없습니다. 저는 그렇게 할 수 없습니다." ……한참을 얘기해도 장사꾼은 값을 안 올리겠다고 고집을 부렸다. 군졸이 욱하는 성격에 숫자대로 값을 치르더니 물건의 반만 가지고 가려고 했다. 장사꾼이 가만 있을쏜가? 돈은 이렇게 많이 주고 물건은 적게 가져간다며 길을 막아섰다. 길옆에 있던 두 노인이 시비를 가려 공평하게 결정하여 군졸로 하여금 8할 가격으로 물건을 가져가게 했다. 이렇게 해서 겨우 물건을 사 가지고 갔다.

多九公道, 據老夫看來, 他這國名以及好讓不爭四字, 大約都是鄰邦替他取的, 所以他們都回不知. 方才我們一路看來, 那些耕者讓畔, 行者讓路光景, 已是不爭之意. 而且士庶人等, 無論富貴貧賤, 擧止言談, 莫不恭而有禮, 也不愧君子二字. 唐敖道, 話雖如此, 仍須慢慢觀玩, 方能得其詳細. 說話間, 來到鬧市. 只見有一隸卒在那里買物, 手中拿着貨物道, 老兄如此高貨, 却討這般賤價, 教小弟買往, 如何能安心. 務求將價加增, 方好遵敎. 若再過謙, 那是有意不肯賞光交易了. 唐敖聽了, 因暗暗說道, 九公, 凡買物只有賣者討價, 買者還價. 今賣者雖討過價, 那買者並不還價, 却要添價. 此等言談, 倒也罕聞. 据此看來, 那好讓不爭四字, 竟有幾分意思了. 只聽賣貨人答道, 旣承照顧, 敢不仰體. 但適才妄討大價. 已覺厚顔, 不意老兄反說貨高價賤, 豈不更教小弟慚愧. 況敝貨並非言無二價, 其中頗有虛頭. 俗云, 漫天要價, 就地還錢. 今老兄不但不減, 反要加增. 如此克已, 只好請到別家交易, 小弟實難遵命. ……談之許久, 賣貨人執意不增, 隸卒賭氣, 照數付價, 拿了一半貨物. 剛要擧步, 賣貨人哪里肯依, 只說價多貨少, 攔住不放. 路旁走過兩個老翁, 作好作歹, 從公評定, 今隸卒照價拿了八折貨物, 這才交易而往.[73]

군자국 사람(『산해경존』)

　군자국의 이러한 황당한 정경은 『산해경』의 다음과 같은 기록에
근거하여 각색된 것이다.

　군자국이 그 북쪽에 있다. 의관을 갖추고 칼을 차고 있으며 짐승을 잡아
먹는다. 두 마리의 무늬 호랑이를 부려 곁에 두고 있으며 그 사람들은 사
양하기를 좋아하여 다투지 않는다. 훈화초라는 식물이 있는데 아침에 나
서 저녁에 시든다.
君子國在其北, 衣冠帶劍, 食獸, 使二文虎在旁, 其人好讓不爭. 有薰華草,
朝生夕死.[74]

　『경화연』에서의 군자국에 대한 희화적戲畵的인 묘사는 사실상 예

의와 도덕이 땅에 떨어진 당시 중국에 대한 작자의 풍자이거나, 예의와 도덕의 허구성을 폭로하는 반어적 화법인 것으로 읽힌다.『경화연』에서는 이처럼 당오로 하여금 해외의 이상한 나라들을 편력하고 그들의 기이한 습속을 체험하는 과정을 통하여 중국의 현실 정치, 문화, 관념, 제도 등을 풍자·비판한다. 특히 작자가 여인들만 사는 나라인 여아국에 대한 묘사를 통하여 중국 여성의 불평등한 처지에 대해 강한 비판을 표명했다는 사실은 잘 알려져 있다. 이러한 서사적 장치는『경화연』보다 100년쯤 전에 조너선 스위프트의『걸리버 여행기』에서 이미 시도된 바 있어서 흥미롭다. 그러나『경화연』은『산해경』에서 그 형식과 내용을 계승한『신이경』등의 풍자 기법을 독자적으로 원용한 것으로 보아야 할 것이다.『산해경』에서의 머나먼, 그리고 신비한 이방은 후대에 이처럼 안전한 풍자 서사의 공간으로 변용되었던 것이다.

62 『詩經·小雅』「大東」.

63 干寶,『搜神記』卷1.

64 『潛確類書』. 田倩君,「釋鼉」,『中國文字叢釋』(臺北: 商務印書館, 1972), p.231에서 재인용.

65 『山海經』「南山經」.

66 『山海經』「海內南經」.

67 위의 책.

68 干寶,『搜神記』卷12.

69 『淮南子』,「覽冥訓」.

70 曹雪芹·高鶚 지음,『홍루몽』1(최용철·고민희 옮김, 나남출판사, 2009), p.28.

71 許仲琳,『封神演義』第1回.

72 『山海經』「南山經」.

73 李汝珍,『鏡花緣』第11回.

74 『山海經』「海外東經」.

6장

—

중국신화와 한국 문화

—

　중국신화와 주변 문화와의 관계는 두 가지 측면에서 생각해 볼 수 있다. 첫째, 중국신화는 단순히 한 종족만의 신화가 아니라 오랜 옛날 수많은 종족들이 활동했던 대륙의 다원적인 문화 현실을 반영하는 이야기이다. 따라서 비록 중국의 중심 민족인 한족에 의해 보존되고 전승되었다 할지라도 그 속에는 주변 민족의 문화가 적지 않게 담겨 있다. 즉 중국과 주변은 많은 문화를 공유하고 있다. 둘째, 역사시대 이후 중국신화는 우세한 정치적, 문화적 힘을 바탕으로 주변 문화에 대해 많은 영향을 미쳐 왔다. 그 결과 주변 문화에는 중국신화의 요소가 상당히 수용되어 있다고 볼 수 있다. 이렇게 본다면 중국신화와 주변 문화는 고대부터 지금에 이르기까지 자연스럽게 서로의 문화를 주고받아 왔다고 말할 수 있다. 이 장에서는 이와 같은 두 가지 관점에 의거하여 중국신화와 한국 문화와의 긴밀한 관련성을 중국신화, 한국 문학, 한국 민속, 한국 고고·미술 등의 측면에서 살펴보고자 한다.

1. 중국신화에 표현된 한국 문화

중국신화에는 주변 문화의 요소가 적지 않이 담겨 있다고 말한 바 있는데 그중에서 한국 문화와 관련된 것들도 찾아볼 수 있다. 특히 은 및 동이계 문화의 정보를 많이 보존하고 있는 『산해경』에는 고대 한국과 관련된 기록들이 도처에 남아 있다. 가령 고조선과 관련된 내용으로 생각되는 다음의 기록을 보자.

> 동해의 안쪽, 북해의 모퉁이에 조선이라는 나라가 있는데 하늘이 그 사람들을 길렀고 물가에 살며 남을 아끼고 사랑한다.
> 東海之內, 北海之隅, 有國名曰朝鮮, 天毒其人, 水居, 偎人愛之.[75]

중국에서 동해는 지금의 서해이고 북해는 발해이니 우리는 이로 미루어 고조선의 영토가 지금의 평양 근처가 아니고 발해만 연안에 있었음을 알 수 있다. 이 외에도 이 짧막한 기록은 고대의 우리 민족에 대한 몇 가지 사실을 알려 주는데 첫째, "하늘이 그 사람들을 길렀다"라는 구절은 우리 민족의 천신天神 숭배 관념 혹은 천손天孫 의식 등을 표현한 듯하고 둘째, "물가에 살며"라는 구절에 대해서는 일찍이 육당六堂 최남선崔南善이 물가에 모여 사는 한민족의 습성을 표현한 것으로 언급한 바 있다. 아울러 셋째, "남을 아끼고 사랑한다"라는 구절을 보건대 당시 중국인의 고조선인에 대한 인식이 상당히 양호했음을 짐작할 수 있다. 물론 우리가 과연 그러했을까 하는 생각이 들기는 하지만 실제로 그러했다면 오늘의 우리는 많이 반성해야 하지 않을까?

다음의 기록도 고대 한국을 지칭한 것으로 인구에 회자되는 글이다.

군자국이 그 북쪽에 있다. 의관을 갖추고 칼을 차고 있으며 짐승을 잡아 먹는다. 두 마리의 무늬 호랑이를 부려 곁에 두고 있으며 그 사람들은 사양하기를 좋아하며 다투지 않는다. 훈화초薰華草라는 식물이 있는데 아침에 나서 저녁에 시든다.[76]

청대의 소설 『경화연』에서 희화화된 정경으로 묘사된 바 있는 군자국君子國은 사실 예로부터 고대 한국으로 암암리에 지칭되어 왔던 나라이다. "의관을 갖추고", "사양하기를 좋아하며 다투지 않는" 정도의 문화 수준을 지니고 훈화초, 곧 무궁화나무가 자라는 나라로서 고대 한국은 인식되어 왔던 것이다. 그러한 인식은 후대의 다른 문헌에 의해서도 지지되고 있다.

동이는 대大를 따랐다. 대인이다. 이夷의 풍속이 어질고 어진 자는 오래

살기 때문에 군자국과 불사국이 있다.

東夷從大, 大人也. 夷俗仁, 仁者壽, 有君子不死之國.[77]

군자국에는 무궁화가 많이 피는데 백성들이 그것을 먹는다. 낭야로부터 3만 리 떨어진 곳이다.

君子之國, 多木菫之華, 人民食之. 去琅邪三萬里.[78]

　동이 민족의 나라, 무궁화가 많이 피고 중국의 산동 땅에서 멀리 떨어진 곳, 그리고 풍속이 야만스럽지 않은 곳, 이러한 몇 가지 요소들을 종합해 볼 때 중국의 주변에서 정황이 가장 비슷한 나라로 고대 한국이 거론될 수 있었을 것이다. 바로 이 『산해경』의 기록을 토대로 우리나라를 가리켜 '동방예의지국'東方禮儀之國이라고 부르기도 하고 '근역'槿域이라는 별칭別稱도 생겼으며 근대에 와서 국화를 무궁화로 제정하기까지에 이르렀으니 길지 않은 글이지만 우리 민족의 정체성과 관련된 중요한 기록이라 하지 않을 수 없다. 그러나 오늘의 현실을 생각해 보면 앞서의 고조선에 대한 기록에서 느꼈던 것처럼 여전히 자괴감을 떨쳐 버리기 어렵다.
　『산해경』에는 고대 한국 주변의 소국들에 대한 기록도 있다. 가령 숙신肅愼과 관련된 다음의 기록을 보자.

　대황의 한가운데에 불함이라는 산이 있고 숙신씨국이 있다. 비질이라는 것이 있는데 날개가 넷이다. 짐승의 머리에 뱀의 몸을 한 것이 있는데 이

1. 바람의 신 비렴(고구려 무용총 고분 벽화)
2. 백두산의 괴물 금충(『산해경존』)

름을 금충이라고 한다.

大荒之中, 有山, 名曰不咸. 有肅愼氏之國. 有蜚蛭, 四翼. 有蟲, 獸首蛇身, 名曰琴蟲.[79]

불함不咸은 백두산의 옛 이름이다. 숙신국은 백두산 근처에 있는 소국으로 거기에는 비질蜚蛭이라든가 금충琴蟲이라든가 하는 이상한 동물들이 산다고 하였다. 흥미로운 것은, 사실 여부를 확인할 순 없지만 이 글이 아마도 백두산 일대의 동물 생태에 대한 최초의 언급이 아닐까 싶은 것이다. 『산해경』은 신화서, 지리서로서 실제적인 내용을 일부 포함하는 경우도 있기 때문이다.

다음으로 중국신화에 남아 있는 우리말의 흔적에 대해 살펴보기로 하자. 중국신화에서의 유명한 기상신인 바람의 신 풍백風伯은 그 전에는 비렴飛廉이라는 이름으로 불렸다. 비렴의 생김새는 다음과 같다.

비렴은 신령스러운 새로 능히 바람의 기운을 불러온다. 몸은 사슴과 같고 머리는 참새 같은데 뿔이 있고 뱀 꼬리에, 무늬는 표범과 같다.

飛廉, 神禽, 能致風氣者. 身似鹿, 頭如雀, 有角而蛇尾, 文如豹.[80]

비렴의 몸은 대체로 사슴과 새의 합체合體라고 볼 수 있다. 사슴과 새 모두 빠르게 돌아다니는 특성을 지녔고 이러한 특성은 바람의 신의 이미지에 들어맞는다. 한국과 중국의 일부 학자들은 비렴이라는 명칭이 한국어 '바람'의 고어에서 유래했을 것이라고 주장한 바 있다. 중국의 신화학자 손작운孫作雲도 그중의 한 사람인데 그는 구체적으로 고구려 무용총 벽화의 신수神獸를 비렴으로 지목한 바 있다.[81]

2. 중국신화가 한국 문학에 미친 영향

시가문학

　백제 때 『산해경』을 일본에 전했다는 기록으로 미루어 삼국시대 혹은 그 이전부터 중국신화는 우리 민족에게 잘 알려졌을 것이다. 신화는 특히 상상력을 중시하는 문학에서 쉽게 수용되었는데 오늘날 남아 있는 문헌 자료의 한계성을 감안할 때 한국 시가문학에서의 중국신화 수용은 과거제가 시행되어 전업 문인이 증가하고 한문학이 지식 계층 사이에서 교양으로 일반화되는 고려 시기에 이르러서야 본격적으로 이루어진다고 볼 수 있다. 가령 무인정권 시대에 오세재吳世才, 이인로李仁老 등과 함께 죽림고회竹林高會를 결성, 폭압적인 현실로부터 일탈하려 했던 임춘林椿의 「기몽」記夢이란 작품을 통해 중국신화의 영향을 살펴보자.

꿈속에 바람을 타고 월궁에 이르러　　　　　　　我夢乘風到月宮,
문을 밀치자마자 곧장 항아를 붙들고 물었네.　　　排門直捉姮娥問.
어찌하여 그대에게 계수나무를 맡겼더니　　　　　奈何使爾司春桂,

주고 뺏음이 불공평해 사람들이 성을 내나.   與奪不公人所慍.

머리 숙여 재배하고 내게 사과해 말하기를   低頭再拜謝我言,

제가 좋아하고 미워해서가 아니라 분수대로입니다.   妾不愛憎皆委分.

자부에는 지금도 그대의 이름이 써 있거니   紫府今書君姓字,

과거엔 서왕모를 모시고 곤륜산에서 놀기도 했지요.   曾陪王母遊閬苑.

경박한 짓을 해서 잘못을 많이 저질러   也爲輕狂多負過,

상제의 명으로 귀양 보내져 고생 좀 하게 되었지요.   帝令譴謫方知困.

이때부터 문창성이 하늘에서 없어졌지만   從此文星不在天,

세상 누구도 속세에 숨은 것을 못 알아보았습니다.   世人誰識塵中隱.

천하에 시로 이름을 떨친 지 30년   四海詩名三十秋,

불사약의 작업도 거의 이루셨은즉,   燒丹金鼎功成近.

높은 가지 남겨 놓고 그대를 기다릴 터이니   留着高枝且待君,

내년에 꺾어 가져도 유감은 없을 겁니다.   明年折取應無恨.[82]

꿈속에서 월궁의 항아와 나눈 이야기를 기록한 시이다. 물론 허구적인 내용이다. 과거에 급제 못한 원인을 항아에게 따져 물었더니 본래 서왕모와 함께 노닐었던 문창성文昌星이었으나 잘못을 저질러 하계에 떨어져 고생하고 있는 것일 뿐 곧 출세하게 될 것이라는 답변을 통해 "재주는 있으되 때를 만나지 못한"(懷才不遇) 심정을 표명하고 있다. 항아 신화, 서왕모 신화, 성수 신화星宿神話 등의 내용적 특성을 솜씨 있게 안배하여 시상을 전개했는데, 이러한 작업은 중국신화 전반에 대한 온전한 파악이 선행되어야 가능한 일이라 할 것이다.

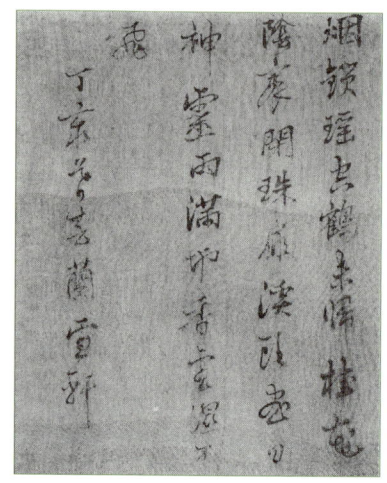

허난설헌의 친필(서울대박물관 소장)

조선 시대에 들어와서는 단학파丹學派 시인들의 선시仙詩와 16~17세기에 일기 시작한 당시풍唐詩風 및 유선시체遊仙詩體의 유행으로 중국신화의 수용이 자못 활발해진다. 심의沈義의 「반도부」蟠桃賦, 임전任錪의 「독한무제고사」讀漢武帝故事, 신흠申欽의 「독산해경」讀山海經 등이 본격적으로 중국신화를 제재로 다룬 작품들이다. 그러나 그 외의 수많은 유선시에서도 중국신화의 수용이 빈번한데 이것은 유선遊仙의 제재들이 사실상 중국신화의 모티프와 연속적 관계에 있기 때문이다. 다수의 유선시를 창작했던 허난설헌의 작품을 예로 들어 보자.

옥꽃 위로 바람이 살랑 일자 파랑새 날고   瓊花風軟飛靑鳥,

서왕모의 기린 수레 봉래산으로 떠나네.   王母麟車向蓬島.

목란 깃발에 꽃술 배자, 흰 봉황이 수레 몰고	蘭旌藥帔白鳳駕,
웃으며 붉은 난간에 기대 옥풀을 줍네.	笑倚紅欄拾瑤草.
천상의 바람에 푸른 무지개 치마 날리고	天風吹碧翠霓裳,
옥고리 패옥 소리는 댕그렁 울리네.	玉環瓊佩聲丁當.
어여쁜 항아 옥거문고 타자	素娥兩兩鼓瑤瑟,
세 그루 옥나무 위로 봄 구름이 향기롭네.	三花珠樹春雲香.[83]

허난설헌은 중국신화를 소재로 한 시가 창작을 통해 초월적인 경지를 음영吟詠함으로써 자신의 불우한 처지를 초탈하려고 하였다.

대부분의 유선시를 살펴보면 중국의 신화적 존재 중 서왕모의 수용이 두드러진다. 이것은 서왕모 숭배가 절정에 달했던 당대唐代 시가의 영향 때문이다. 그러나 중국신화를 수용하더라도 조선의 자주 의식을 드러낸 작품이 있어 이채롭다. 정두경鄭斗卿(1597~1673)의 작품이 그렇다.

동해의 삼신산이 이곳에 있으니	東海三神在,
중원의 오악도 낮아 보인다.	中原五嶽低.
뭇 신선들 자리 잡고 싶어 안달이니	群仙爭窟宅,
서왕모도 서쪽에 거주함을 한탄하리.	王母恨居西.[84]

작자는 금강산을 가송歌頌하는 이 시에서 금강산을 삼신산과 동일

시하고 서왕모가 거주하는 곤륜산보다 낫다고 호언한다. 단학파 시인으로서 선도의 자생설을 신봉하는 그의 시에는 반존화적反尊華的 의식이 넘친다.

서사문학

신화와 고소설을 중심으로 중국신화가 서사문학에 미친 영향을 살펴보기로 하자. 잘 알려진 바와 같이 단군신화에서 환웅과 더불어 하강했던 풍백, 우사雨師, 운사雲師 등은 중국신화에서 저명한 기상신氣象神 들이다. 또 고구려 건국 신화에서 주몽의 외할아버지인 하백河伯도 본래 황하의 신이니 중국신화의 신인 셈이다. 그러나 이들은 중국신화에서도 동이계의 신들이어서 고대 한국 민족과는 본래부터 친연親緣 관계가 있는 신들이고 그래서 자연스럽게 한국의 신화에도 등장했을 것이다.

중국신화의 수용은 이처럼 단군신화, 고구려 건국신화 등의 문헌신화에서뿐만 아니라 무속신화에서도 활발히 이루어졌다. 가령 무가 「성조成造풀이」에서는 다음과 같이 여신 여와에 대해 노래한다.

여와씨 후後에 나서 오색五色돌 고이 갈아 이보천以補天 하신 후에 여공제기女工諸技 가르치며 남녀의복男女衣服 마련하고……

그리고 제주도 창세신화인 「베포도업침」에서는 세상을 창조해 낸

이승의 열다섯 신 모두가 태호, 여와, 염제, 황제, 소호 등 중국신화의 주요 신들이어서 주목을 끈다.

다음으로 고소설의 경우, 신화와 동일한 서사문학의 범주에 속해서인지 중국신화의 수용이 훨씬 다채롭게 이루어진다. 우선 전적으로 중국신화를 제재로 취하고 제목마저 그렇게 정한 작품으로는 소수이지만 작자 미상의 『강태공전』과 『여와전』 등을 들 수 있다. 『강태공전』은 포악한 주왕이 다스리는 은나라를 강태공이 도술로써 정벌하고 주周 무왕武王의 재상이 되기까지의 활약상을 그린 소설로 명대 소설 『봉신연의』의 내용과 흡사하다. 『여와전』은 여신 여와가 문창성文昌星을 시켜 현부賢婦, 열녀烈女들이 황제로 참칭하는 것을 징벌하고 관음보살을 굴복시켜 불교보다 유교가 우위임을 입증한다는 내용의 소설이다. 불교를 배척하고 유교의 가치를 강력히 내세운 소설로 신화적 내용이 위주는 아니지만 여와가 소설의 발단을 주도한다는 점에서 중국신화의 적극적인 수용을 엿볼 수 있다.

그 밖의 고소설들에 대해서는 중국신화를 발단으로 삼은 구성적 측면, 원형으로 취한 구조적 측면, 단순히 모티프를 차용한 소재적 측면 등에서 살펴볼 수 있는데 김시습金時習의 『금오신화』金鰲新話에 실린 「취유부벽정기」醉遊浮碧亭記를 예로 들어 본다.

송도松都의 홍생洪生은 달밤에 평양의 부벽정에서 기자조선箕子朝鮮의 왕녀를 만난다. 그녀는 나라가 망한 후 신인神人에게 이끌려 선계를 유람하다가 월궁의 항아를 만난 일을 이렇게 이야기한다.

하루는 가을 하늘이 밝고 청량하며 달빛이 물처럼 깨끗하여 달을 보는
순간 갑자기 멀리 날아오르고 싶은 마음이 들었습니다. 드디어 달나라에
올라 광한전의 청허부에 들어가 수정으로 만든 궁궐에서 항아에게 인사
를 했습니다. 항아는 제가 정절이 높고 글도 잘한다며 '인간 세상의 선경
은 복 있는 땅이라 해도 모두 먼지에 불과합니다. 푸른 하늘을 밟으며 흰
난새를 타고 붉은 계수나무의 맑은 향을 맡으며 찬 달빛을 몸에 걸치고
천상의 궁전에서 노닐며 은하수에서 헤엄치는 것과는 비교가 안 됩니
다'라고 말했습니다. 그러고는 그 자리에서 저를 가까이서 시중드는 시
녀로 삼아 곁에 두니 그 즐거움은 이루 다 표현할 수 없었습니다. 그러다
오늘 밤 문득 고향에 대한 그리움이 일어나 인간 세상의 고향을 내려다
보니, 자연은 그대로이고 인간은 달라져서 어느새 흰 달이 전쟁의 흔적
을 가리고 이슬은 더러운 풀 더미를 씻어 놓았더군요. 맑은 하늘을 하직
하고 내려와 조상의 묘에 참배한 뒤 강가 정자에서 놀며 마음속 회포를
펴려고 했는데 마침 글하는 선비를 만나게 되니 기쁘기도 하고 부끄럽기
도 합니다. 함부로 그대의 주옥같은 글에 의지하여, 솜씨는 없지만 글을
조금 써 보았습니다. 감히 할 말은 아니지만 어느 정도 제 심정을 편 것이
랍니다.

一日, 秋天晃朗, 玉宇澄明, 月色如水, 仰視蟾桂, 飄然有遐舉之志. 遂登月
窟, 入廣寒淸虛之府, 拜嫦娥於水晶宮裏. 嫦娥以我貞靜能文, 誘我曰, 下
土仙境, 雖云福地, 皆是風塵, 豈如履靑冥驂白鸞, 把淸香於丹桂, 服寒光於
碧落, 遨遊玉京, 遊泳銀河之勝也? 卽命爲香案我, 至周旋左右, 其樂不可
勝言. 忽於今宵, 作鄕井念, 下顧蜉蝣, 臨睍故鄕, 物是人非, 皓月掩煙塵之

色, 白露洗塊蘇之累. 辭下淸宵, 冉冉一降, 拜於祖墓, 又欲一玩江亭, 以暢
情懷, 適逢文士, 一喜一椒. 輒依瓊琚之章, 敢展駑鈍之筆, 非敢能言, 聊以
敍情耳.[85]

그녀는 홍생과 즐겁게 시를 짓고 논 후 홀연히 천상으로 돌아간
다. 후일 홍생의 꿈에 나타난 그녀는 홍생이 견우성의 종사관從事官
이 되었음을 통보하고 홍생은 얼마 후 시해선屍解仙이 되어 죽는다.
중국신화에는 항아나 직녀 등 여신들이 하계로 내려와 인간 남성과
인연을 맺는 인신연애人神戀愛 혹은 선녀하범仙女下凡 유형의 스토리
가 있다. 「취유부벽정기」에서는 중국신화의 이러한 유형을 수용하
여 작품을 성공적으로 구조화했음을 알 수 있다.

3. 중국신화가 한국 민속에 미친 영향

　중국신화가 한국 민속에 미친 영향에 대해서는 다방면에 걸쳐 말할 수 있다. 여기서는 벽사辟邪와 사명 신앙司命信仰의 측면에서 간략히 살펴보고자 한다.

벽사

　문헌 자료를 통해 우리는 중국에서 벽사를 위해 숭배되던 몇 명의 신들이 조선 시대까지 우리 민속에 남아 있음을 확인할 수 있다. 가령 『동국세시기』東國歲時記를 보면 궁중이나 양반가에서 단옷날에 치우의 이름과 형상을 그린 부적을 붙여 질병을 물리칠 것을 기원하였다고 한다. 무서운 전쟁의 신인 치우의 힘을 빌려 병의 기운을 몰아내려 한 것이리라. 『조선도교사』를 보면 입춘 날에 집집마다 대문에 "姜太公在此"(강태공이 여기에 있다)라는 글귀를 써 붙였다고 하는데 홀륭한 도술을 지닌 강태공이 귀신이나 사악한 기운을 쫓아내 주리라는 믿음 때문이었을 것이다.

　이러한 문신門神 숭배의 민속 이외에도 귀신이나 요괴를 쫓는 데에는 복숭아 혹은 복숭아나무가 효험이 있다고 믿기었는데 여기에는 세 가지 관련 신화가 있다. 한 가지는 영웅 예羿가 제자 방몽逢蒙에게 복숭아나무 몽둥이로 맞아 죽은 뒤 귀신의 우두머리로 부활하였는데 그 후에도 여전히 복숭아나무를 무서워했기 때문이라는 것이고, 다른 한 가지는 역시 귀신의 우두머리인 신도와 울루가 귀신의 소굴인 도삭산의 거대한 복숭아나무 곁에 서서 귀신의 출입을 감독했기 때문이라는 것이다. 마지막으로 한 가지는 서왕모의 선도 복숭아 이미지 때문인데 먹으면 장생불사한다는 신성한 복숭아가 사악한 기운을 쫓아 줄 수 있다는 것이다. 아무튼 이러한 신화들의 영향으로 지금까지도 민간에서는 무당들이 귀신을 쫓을 때 동쪽으로 뻗은 복숭아나무 가지를 꺾어 사용한다. 왜냐하면 도삭산에 있는 복숭아나무의 동북쪽 가지가 귀신들이 드나드는 문 곧 귀문鬼門인데, 그 곁을 항시 신도와 울루가 지키고 있기 때문이다. 이와 같은 원리로 집에서 제사를 지낼 때 제사상에 복숭아를 놓지 않는 것은 복숭아의 벽사 능력 때문에 조상 귀신들이 겁이 나 오시지 못할까 염려해서이다.

사명 신앙

사람의 목숨을 관장하는 신을 사명신이라고 부른다. 이들 사명신으로는 죽음을 맡은 북두칠성을 비롯, 인간의 잘못을 천제에게 주기적으로 고하여 수명을 깎게 만드는 조왕신竈王神이 있고 신은 아니지만 조왕신과 비슷한 역할을 하는 삼시충三尸虫 등이 있다. 이 중 북두

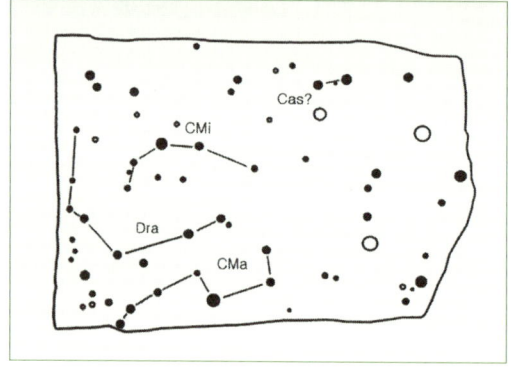

고인돌 돌판과 그곳에 새
겨진 별자리
(박창범, 『하늘에 새긴 우
리 역사』)

칠성에 대한 숭배는 중국신화의 영향과는 상관없이 독자적으로 우
리의 무속 전통을 통해 성립된 것 같다. 이미 고인돌의 돌판에 북두
칠성을 새긴 흔적이 발견된 바 있기 때문이다. 아울러 고구려 고분
벽화에 그려진 북두칠성의 존재라든가, 지금까지도 남아 있는, 사람
이 죽어 매장할 때 칠성판七星板을 까는 습속은 북두칠성 숭배의 역
력한 증거이다.

　다음으로 조왕신은 조신竈神, 조군竈君 혹은 부뚜막신, 아궁이신,

부엌의 신 조왕신
(청대淸代의 목판화)

죽음의 기생충 삼시충
(『도장』道藏)

화덕신, 부엌신 등으로 불리기도 하는데 북방의 큰 신인 전욱顓頊의 아들 궁선窮蟬의 화신이라고 한다. 그러나 아궁이의 불을 비롯해 부엌의 모든 일을 맡아보는 신이기 때문에 본래는 불 숭배와 관련된 여신이었을 가능성이 크다. 그 혹은 그녀는 부엌에 있는 관계로 집안의 대소사를 낱낱이 알 수 있다. 그래서 집안 식구 개개인이 1년간 잘못한 모든 일들을 섣달 스무사흘 혹은 스무나흘 되는 날 밤이면 하늘에 올라가 천제에게 고해바친다. 천제는 조왕신의 보고를 듣고 난 후 지은 죄의 무게에 따라 사람의 수명을 깎는다고 한다. 또 삼시충이라고 하는 세 마리의 벌레는, 눈에 보이지 않게 사람의 몸속에 기생하며 역시 죄를 일러바치는 역할을 한다고 여겨졌다. 그것들은 60일 만에 한 번, 즉 매 경신일庚申日 밤마다 하늘에 올라가 숙주인 인간의 악행을 보고하였다. 이들의 행위에 의해 수명이 깎일까 봐 사람들은 조왕신의 환심을 사고자 제사를 드리기도 하고 삼시충을 제거하는 약을 먹기도 하였다. 그러나 가장 실천하기 쉬운 방법은 이들이 하늘에 올라가는 날 밤, 잠을 자지 않는 일이었다. 이들은 사람이 잠들 때에만 승천할 수 있기 때문이었다. 우리나라 민속에도 조왕신, 삼시충 등과 관련된 행사가 있다. 고려와 조선 시대에는 경신일 밤에 흥청거리며 놀거나 글을 읽으며 밤을 새우는 '수경신'守庚申이라는 풍습이 있었고, 일부 농촌에서는 근래까지 조왕 단지라고 해서 부뚜막에 정화수를 담은 단지를 모셨다. 아직도 남아 있는, 섣달 그믐날 밤에 잠을 안 자고 버티는 일도 조왕신, 삼시충 등과 관련된 사명 신앙에서 유래한 습속이라 할 것이다.

4. 고고·미술 자료에 표현된 중국신화

노량해전에서 장렬히 순국한 민족의 영웅 이순신 장군을 기린 남해 충렬사忠烈祠의 현판에는 '보천욕일'補天浴日이라는 글귀가 쓰여 있다. 아마 중국신화를 모르면 이 성어成語를 도저히 이해하지 못할 것이다. '보천욕일'은 뚫어진 하늘을 기운 대모신大母神 여와와 매일 해를 목욕시켜 세상을 새롭게 비추게 하는 태양신 희화羲和의 신화에서 나온 성어로, 충무공을 두고 명나라 수군 제독 진린陳璘이 "천지를 주름잡는 재주와 나라를 바로잡은 공적이 있다"(有經天緯地之才補天浴日之功)고 상찬賞讚한 글에서 따온 말이다.

시골에 가 보면 높은 벼슬을 지낸 사람의 무덤 앞에 세워진 큰 비석을 볼 수 있다. 신도비神道碑라고 하는 이 비석은 거북이가 비신碑身을 등에 업고 있는 모습인데, 우리는 그 모습으로부터 여와가 거북이의 네 발을 잘라 하늘을 받치게 했던 신화적 사건을 떠올릴 수 있을 것이다.

이처럼 중국신화는 이 땅의 도처에 유물로 남아 있다. 이 글에서는 그 유물들을 고고 자료와 미술 자료로 나누어 이들에 표현되어 있는 중국신화에 대해 살펴보고자 한다.

충무공을 기린 글 '보천욕일'(남해군 충렬사 현판)   **신도비**

고고 자료

중국신화와 관련하여 주목할 만한 고대 한반도의 고고 자료들 중에서 우선 백제 무녕왕릉武寧王陵에서 발굴된 매지권買地券과, 동경인 방격규구신수문경方格規矩神獸紋鏡, 의자손수대경宜子孫獸帶鏡 등을 예로 들어 보겠다.

매지권은 그 무덤에 묻혀 있는 이가 지하세계의 신으로부터 묘지를 구입한다는 내용을 적은 글, 즉 일종의 토지 매매계약서로서 무녕왕릉의 경우 청회색 섬록암閃綠巖에 새겨져 있다. 구체적 내용은 무녕왕이 돈 1만 문文으로 토백土伯 등으로부터 묘지를 구입한다는 것인데 여기에서 언급된 토백은 중국 남방의 신화에서 지하세계를 관리하는 신이다. 이를 통해 우리는 주로 중국의 남조南朝 국가들과 교류를 했던 백제가 중국 남방 명계冥界 신화의 영향을 받았음을 추측할 수 있다. 같이 출토된 방격규구신수문경, 의자손수대경 등은 한대

1. 저승의 토지 매매 계약서인 매지권(백제 무녕왕릉 출토) 2. 남방 저승의 신 토백
(호북성湖北省 수현隨縣 증후을묘曾侯乙墓) 3. 봉래산을 새긴 백제금동대향로(국립
부여박물관 소장) 4. 경주 안압지

의 동경을 모방하여 만들어진 것들인데 무덤 안의 잡귀와 사악한 기운을 쫓아내기 위해 배치되었다. 이러한 배치는 한대 이래 위진남북조 시기에 걸쳐 절정에 달한 동경의 벽사 능력에 대한 믿음과 상관된다.

다음으로 주목할 것은 백제금동대향로, 일명 금동용봉봉래산향로 金銅龍鳳蓬萊山香爐와 경주의 안압지雁鴨池이다. 1993년 부여의 백제 공방工房 터에서 발굴된 백제금동대향로는 삼신산 중의 하나인 봉래산의 형상을 하고 있는데 그 위에는 날개 돋친 우인羽人, 곧 신선들과 상서로운 동물들이 새겨져 낙원의 정경을 보여주고 있다. 한편 안압지에는 세 개의 섬이 조성되었는데 그것들은 발해에 떠 있는 신령스러운 세 개의 산 봉래, 방장, 영주를 상징한다. 이를 통해 우리는 곤륜 신화와 더불어 중국의 대표적 낙원 신화라 할 삼신산 신화가 한반도에 일찍부터 전래되었음을 알 수 있다.

끝으로 조선 시대의 유물인 삼척의 퇴조비退潮碑를 살펴보자. 숙종 때 남인의 영수였던 허목許穆(1595~1682)이 삼척부사로 재직하던 당시에 동해의 해일을 막기 위한 주술적 시도로 건립된 이 비석에는 허목이 지은 「동해송」東海頌이라는 운문이 새겨져 있다. 전서체로 쓰인 비문은 마치 부적과도 같은 느낌을 준다. 이 비석이 세워진 후 사나운 파도가 잠잠해졌고 해일의 피해도 없어졌다고 한다. 비문은 다양한 신들과 괴물들을 묘사하면서 동해와 이역異域의 신비한 풍광을 노래하고 모든 것이 성군의 법도에 따라 잘 다스려지리라는 취지를 담고 있는데 그중의 한 구절을 음미해 보자.

해일을 물리친 퇴조비(강원도 삼척시 소재)

머리 아홉인 천오와	天吳九首,
외다리 괴물 기는	怪夔一股,
회오리바람과 비를 일으킨다.	飆回且雨.

  천오天吳와 기夔는 모두 『산해경』에 등장하는 신과 괴물인데, 천오는 조양곡朝陽谷의 수신水神이고 기는 유파산流波山에 사는 괴물로 황제에 게 잡혀가 가죽이 벗겨져 북이 된 바 있다. 이들 이외에도 「동해송」에 는 대택大澤, 양곡暘谷, 희백羲伯, 교인鮫人, 부상扶桑, 흑치黑齒 등 『산해 경』에 나오는 지명, 신, 인종 등이 다수 인용되어 작자 허목이 중국신 화에 대한 충분한 이해 위에서 그 소재들을 탁월하게 운용했음을 알 수 있다.

물의 신 천오(『산해경존』)　　　　외다리 괴물 기(『산해경회도』)

미술 자료

고대 한국의 미술 자료 중 중국신화와 관련된 내용을 가장 많이 담고 있는 것은 고구려 고분벽화라 할 수 있다. 우선 염제 신농씨는 고구려인에게 가장 인기가 높았던 신이 아닌가 생각된다. 오회분五盔墳 4호묘와 5호묘 등에 세 번 이상이나 출현하기 때문이다. 지금까지도 우리의 귀에 익숙한 견우직녀 신화도 다소 만화 같은 모습으로 덕흥리德興里 고분에 그려져 있다.

그런데 삼실총三室塚 벽화를 보면 몸에 뱀을 휘감고 어디론가 달려가는 자세를 취한 인물이 있는데 과연 누구일까? 그가 누구인지 알기 위해서는 『산해경』의 다음 인물에 대해 주목할 필요가 있다.

과보가 태양과 경주를 했는데 해질 무렵이 되었다. 목이 말라 물을 마시고 싶어 황하와 위수의 물을 마셨다. 황하와 위수로는 부족하여 북쪽으

**태양과 경주하는 거인
과보(『산해경회도』)**

로 대택의 물을 마시러 갔다가 도착하기도 전에 목이 말라 죽었다. 그가
버린 지팡이가 변하여 복숭아나무 숲이 되었다.

夸父與日逐走, 入日. 渴欲得飮, 飮于河渭. 河渭不足, 北飮大澤, 未至, 道
渴而死. 棄其杖, 化爲鄧林.[86]

태양과 경주를 했다가 중도에 목이 말라 죽은 거인 과보가 삼실총
역사力士의 저본이다. 태양과 적대 관계에 있는 과보는 신화적으로
볼 때 지하세계의 신이다. 과보는 또한 치우와 더불어 황제에게 항
거한 동이계의 신이기도 하다. 그래서 그는 동이계 종족인 고구려인
의 지하세계를 지키는 신으로 출현한 것이다. 과보는 삼실총뿐만 아
니라 경북 영주시 읍내리邑內里 벽화에서도 서역풍西域風의 모습으로
나타난다.

다음에 시선을 덕흥리 고분벽화로 돌려 보면 사람의 얼굴을 한 기
묘한 새가 눈에 들어온다. 곁을 보니 '만세'萬歲라는 묵서墨書가 있어

무덤을 지키는 거인 과보
(고구려 삼실총 고분 벽화)

이 새의 이름을 알려 주고 있다. 만세라는 인면조人面鳥는 문자 그대
로 만 년까지 산다는 상서로운 새이다. 그런데 이 새의 기원은 무엇
일까? 역시 『산해경』을 살펴보면, 만세보다 소박한 모습의 인면조들
이 앞서 존재해 있다. 귀양살이를 예고하는 주鴸, 가뭄을 알려 주는
옹顒, 전쟁을 예시하는 부혜鳧徯 등의 새가 그것이다. 가령 주에 대한
기록을 보자.

「남차이경」의 첫머리는 거산이라는 곳인데…… 이곳의 어떤 새는 생김
새가 올빼미 같은데 사람과 같은 손을 갖고 있고 그 소리는 마치 암메추
리의 울음과도 같다. 이름을 주라고 하는데 제 이름을 스스로 불러 대며
이것이 나타나면 그 고을에 귀양 가는 선비가 많아진다.

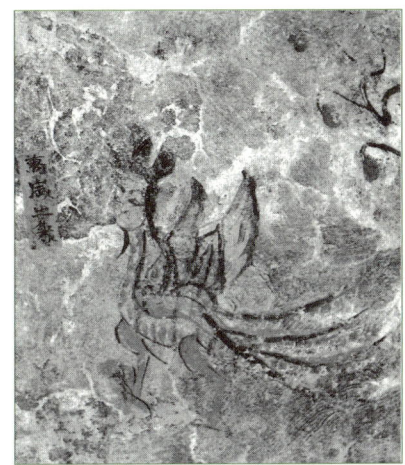

만 년 동안 사는 새 만세
(고구려 덕흥리 고분 벽화)

예언하는 새 주(청淸 오임신吳任臣, 『증보
회상산해경광주』增補繪像山海經廣注)

南次二經之首, 日柜山…… 有鳥焉, 其狀如鴟而人手, 其音如痺, 其名曰鵸, 其名自號也, 見則其縣多放士.[87]

그러나 『산해경』의 원시 인면조들은 귀양, 가뭄, 전쟁 등 흉사凶事의 징조가 되는 불길한 새들이어서 덕흥리 고분의 만세가 가진 상서로운 이미지와는 자못 어긋남이 있다. 아마도 원시 인면조는 상당한 세월을 거치면서 마치 서왕모의 경우처럼 이미지의 일대 변신을 이룩한 듯이 보인다. 즉 흉조로써 흉한 일을 물리칠 수 있다는 생각이 흉조를 길조로 인식하게 하는 관념상의 전환으로 이어져, 만 년까지 오래 사는 상서로운 새 만세가 태어나게 되었을 것이다.

끝으로 조선 시대의 미술 자료인 〈반차도〉班次圖를 예로 들어 보

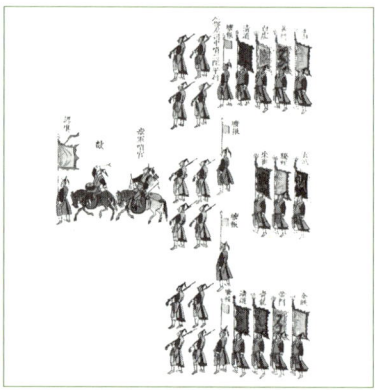

1. 백택기를 들고 행진하는 모습
2. 등사기를 들고 행진하는 모습
3. 백택기에 그려진 백택
   (조선 정조 시대, 〈반차도〉班次圖)

자. 정조正祖의 화성華城(지금의 수원) 행차를 김홍도金弘道 등 화원들을
시켜 세세히 그리게 한 그림 〈반차도〉를 통해 우리는 당시 행차의 규
모와 인원 배치 등을 요연了然히 볼 수 있다. 이 그림에서 특별히 눈
길을 끄는 것은 대열의 지표가 되는 수많은 깃발 중 백택기白澤旗와
등사기騰蛇旗이다. 여기에 각각 그려져 있는 백택과 등사라는 신령스

러운 두 동물은 모두 신 중의 신, 황제黃帝와 밀접한 관계를 맺고 있다. 백택은 황제에게 천하의 모든 귀신과 요괴에 대해 설명해 준 바 있으며, 등사는 황제 행차 시에 호위를 담당한 바 있기 때문이다. 화성 행차에서 이들의 깃발을 내건 것은 행차 중에 범접하는 잡귀나 사악한 기운을 쫓아내려는 상징적 조치라 할 것이다. 우리는 여기에서 신중의 신 황제의 권능이 후대 제왕의 행사에 모델로서 기능하고 있음을 알게 될 뿐만 아니라, 그것이 훨씬 후대의 주변국인 조선에까지 면면히 유전되고 있음에 놀라게 된다.[88]

주

75 『山海經』「海內經」.

76 『山海經』「海外東經」.

77 許愼, 『說文解字』 卷4.

78 『藝文類聚』 卷89.

79 『山海經』「大荒北經」.

80 蔣驥, 『山帶閣注楚辭』에 인용된 『三輔黃圖』.

81 孫作雲, 『天問硏究』(北京: 中華書局, 1989), p.138.

82 林椿, 『西河集』「記夢」.

83 許楚姬, 『蘭雪軒詩集』「望仙謠」.

84 鄭斗卿, 『溫城世稿』「金剛山」.

85 번역은 김시습·구우, 『금오신화·전등신화』(김수연 외 편역, 미다스북스, 2010)에 실린 것을 따름.

86 『山海經』「海外北經」.

87 『山海經』「南次二經」.

88 〈반차도〉 이미지의 연원 및 의미에 대한 자세한 논의는 졸저, 『앙띠 오이디푸스의 신화학』(창비, 2010), pp.174~189 참조.

7장

—

결론

이 책에서는 오늘날의 중요한 인문학적 아이템들인 상상력, 이미지, 스토리 등의 관점에서 중국신화의 세계를 상상세계, 이미지, 소설적 수용, 한국 문화와의 관련성 등을 중심으로 살펴보았다.

첫째, 중국신화의 상상세계를 크게 창조신화, 영웅신화, 그리고 자연신화 등으로 나누어 살펴보고 상상력의 정치성에 대해 논하였다. 먼저 창조신화의 경우, 혼돈 속에서 거인 반고가 태어나 죽은 후 그 신체가 세상 만물로 분화되었다는 신화에서 인간과 자연의 유비 관계에 대한 상상을 엿볼 수 있었고, 여와가 황토로 인간을 빚어냈다는 신화에서는 황토가 중국 대륙 또는 그 문화의 표징이라는 점에서 상상력의 풍토성을 확인할 수 있었다. 영웅신화의 경우, 명궁 예가 열 개의 해를 쏘고 괴물을 퇴치하였다는 신화에서 개인의 영광이 아니라 집단의 안녕을 위해 분투하는 영웅의 모습을 발견할 수 있었으며 파족의 시조 늠군이 일족을 이끌고 길을 떠나 여신과의 사랑과 갈등을 거친 후 도읍지를 찾았다는 신화에서는 출발, 모험 등 영웅의 행로에 대한 완벽한 상상을 찾아볼 수 있었다. 한편 자연신화의 경우, 태양신 희화가 열 개의 해를 낳고 달의 신 상희가 열두 개의 달을 낳았다는 신화에서 천인합일의 생태적 사고와 모성 원리에 기반한 상상을 감지할 수 있었으며 항아가 불사약을 훔쳐 먹고 달로 도망갔다는 신화에서는 달의 속성과 관련된 불사의 상상 체계를 확인할 수 있었다. 마지막으로는 중국신화의 상상력과 그 정치성을 살펴보았다. 중국신화의 오방신과 그리스신화의 큰 신들을 비교해 보면 신과 인간 간의 관계성에서 차이가 있음을 먼저 확인할 수 있었다. 한편으로 성군 순의 신화에 대한 분석을 통해서는 그 이면에 우 임금과의 정치적 갈등과 선양의 폭력적 실체가 함축되어 있음을 추측해 보았다. 또한 기형의 이방인 신화를 검토하여, 이 이방인들이 타자에 대한 왜곡된 인식의 산물이었거나 중국인 자신의 억압된 욕망의 투사이기도 하였음을 추리할 수 있었다.

둘째, 중국신화를 이미지라는 측면에서 살펴보았다. 이미지의 요람인 『산해경』에 대한 탐구에서 우리는 문자 기록에 앞서는 이미지의 선재성과, 다시 신화적 상상력을 근거로 한 이미지의 다양한 변주에 대해 고찰해 보았다. 이를 통해 이미지와 문자 텍스트 간의 변환 원리에 대해 숙고할 수 있었다. 중국신화 이미지와 몸의 관계에서는 중국신화가 이미지를 매개로 인간과 자연의 합일을 추구하고 있음을 살펴보았다. 아울러 중국신화 이미지는 불변의 원형이면서 동시에 변화하는 실체라는 사실을 서왕모 신화의 역사적 변천을 통해 깨달을 수 있었다. 신에서 인간으로, 모권제에서 가부장제로, 다원주의에서 중심주의로의 노선은 이미지의 배후에서 변화를 추동하는 요인이었다. 이러한 중국신화 이미지는 일정한 힘을 지니게 되었는데,

이를 벽사 능력을 중심으로 살펴보았다. 동경, 문자, 화상을 통해 발휘되어 온 중국신화 이미지의 힘은 응시의 권력과 상관되는 것이었고, 벽사 기능의 이면에서 작동하는 것은 주술 원리였다. 중국신화 이미지는 유구한 세월 동안 풍부한 내용으로 무수한 변천을 거듭하면서 힘을 웅변해 온, 동아시아 문화의 훌륭한 자산이 아닐 수 없다. 더욱이 중국신화 이미지의 몇 가지 고유한 존재 방식은 미래의 이미지 문화를 정립하는 데에 큰 도움이 되리라 생각한다.

셋째, 가장 오래된 이야기인 신화는 후대의 이야기꾼들이 언제나 의거하고 자양을 얻어 오는, 서사의 원천이었다. 중국신화의 경우 문언소설의 초기 이야기꾼인 방사方士라든가 백화소설의 설화인說話 人들은 모두 신화의 탁월한 운용자들이었다. 중국신화는 대체로 그 자체의 체재나 형식을 통하여, 혹은 신화의 구조나 원형을 통하여, 그리고 신화 모티프를 통하여 후대의 스토리텔링에 지대한 영향을 미쳤는데 우리는 지괴, 전기, 백화소설 등 중국의 각 소설 양식의 일부 작품들에 대한 탐색을 거쳐 이러한 점들을 확인할 수 있었다. 특히 중국소설의 결정판인 장회소설에 이르러 신화의 수용은 구조적, 형식적인 측면에서 고도의 기법으로 이루어졌다. 중국신화의 저명한 내용들은 『홍루몽』, 『봉신연의』, 『경화연』 등 장편 대작의 서두에서 발단이 되고 결미에서 귀숙처가 되어 전체 윤곽을 결정짓는 역할을 하였으며 신화적 공간은 작가가 현실과의 거리 두기를 통하여 풍자의 서사 공간을 확보하는 데에 기여하였다. 최근 문화 산업이 흥기하면서 신화, 전설, 민담 등 고전 서사의 발굴과 스토리텔링이 초미焦

眉의 과제로 부상하고 있는 시점에서 중국신화의 수용 메커니즘에 대한 탐구는 스토리텔링의 자원 확대와 기법 향상에 많은 시사를 줄 것이며 나아가 우리 문화 산업의 정체성을 확립하는 데에 도움을 주게 될 것이다.

넷째, 중국신화에는 고대 한국 문화의 일부 내용이 담겨 있다. 이러한 정황은 다른 주변 문화의 경우에도 마찬가지일 것이다. 그렇다면 중국신화는 상당 부분 동아시아 주변 문화의 요소를 흡수한 후에 상이한 여러 요소들을 조정, 융합하는 과정을 거쳐 오늘날의 상호텍스트적인 모습을 보여 주고 있다 하겠다. 반면에 장구한 시기에 걸쳐 대륙으로부터 문화적 영향을 받아 온 한국 문화를 살펴보면, 중국신화가 문학, 민속, 고고, 미술 등 각 방면에 심원한 영향을 미쳤고 그 영향이 일상화, 내면화의 경지에까지 이르렀음을 알 수 있다. 결국 신화 비교를 통해 얻어진 두 가지 결론이 시사하는 것은 중국과 한국은 문화적으로 떼려야 뗄 수 없는 밀접한 관계를 맺고 있을 뿐만 아니라 상당 부분 같은 내용을 공유한, 문화적 친속親屬 관계에 있다는 엄연한 사실이다. 따라서 근대 이후 성립된 배타적인 민족, 국경 등의 개념으로 양국의 문화를 구분하는 것은 적절치 못하다. 본래 신화의 경역境域이 그러하듯 동아시아의 상상력 혹은 동아시아 문화라는 넓은 단위에서 사고하고, 호혜적인 관점에서 차원 높은 문화의 창달暢達을 지향해야 할 것이다.

지난 세기 우리는 인간이 이룩해 온 일 즉 역사에 관심을 집중해 왔다. "역사란 무엇인가?"라는 물음은 20세기의 대표적 화두였다.

그러나 탈근대를 말하는 오늘의 시점에는 역사 이전 인간의 이야기인 신화에 대한 관심이 그 어느 때보다도 급증하고 있는 듯하다. 지나치게 기술화, 합리화되어 메마른 우리의 심성에, 신화가 따뜻한 생명력과 활력을 부여해 주기 때문이다. 신화는 아득한 시절 인류 공통의 경험의 표현이므로 집단 무의식의 반영이라고 볼 수 있으며 이에 따라 보편성을 지닌다고 말할 수 있다. 그러나 보편성을 지닌다는 말이 모든 신화가 다 똑같다는 의미는 아니다. 신화의 본질적인 의미는 같을지 몰라도 그것을 이야기로 표현하는 방식은 각 지역의 문화에 따라 다양하다. 따라서 신화학의 세계에서는 어떤 지역의 신화가 특별히 가치가 있고 어떤 지역의 신화가 별로 중요하지 않다는 식의 생각이 있을 수 없다. 세계의 모든 신화는 평등한 가치를 지닌다.

우리는 그동안 지나치게 서구 문화를 중심으로 사유하고 생활하는 방식에 젖어 있었다. 신화도 특정한 지역의 신화인 그리스신화가 표준처럼 받아들여지고 있으며 동아시아 신화는 오히려 낯선 형편이다. 최근 신화뿐만 아니라 요정, 마법 이야기 등 환상성에 대해 고조되고 있는 관심은 그동안 이성에 의해 억압되었던 상상력을 해방시킨다는 측면에서 나름의 의미가 있을 것이다. 그러나 문제는 상상력의 내용을 무엇으로 채우느냐에 있다. 특정한 지역의 신화는 그 특정한 지역 문화의 뿌리이다. 우리는 한 지역의 문화를 깊이 이해하기 위해 그 신화를 읽을 필요가 있다. 하지만 상상세계를 특정한 지역의 신화나 마법 이야기로만 채울 때, 우리는 뿌리부터 특정한 문화에 동화되어 그 문화에 대한 주체적 판단력을 잃기 쉽다. 어른들

보다도 어린 세대들에게 있어서 이것은 두려워할 만한 일이다. 우리는 서구문화 반대편의 중요한 한 축을 이루는 동아시아 문화의 원천인 중국신화를 잘 알아야, 상상력을 편식하지 않고 세계 문화를 균형 있게 이해할 수 있다. 아울러 우리는 중국신화의 다양한 지역적, 종족적 특성을 통하여 중국과 주변 나아가 동아시아 문화에 대해 보다 평등하고 호혜적인 관점을 갖게 될 수 있을 것이다.

찾아보기

ㄱ

가국假國 · 142

가보옥賈寶玉 · 127, 150

간보干寶 · 66, 121, 130, 134

갈홍葛洪 · 104, 107, 122, 134

감생신화感生神話 · 56

강원姜嫄 · 46, 76

강태공姜太公 · 111, 128, 173, 176

『강태공전』姜太公傳 · 173

거령巨靈 · 37

『걸리버 여행기』 · 158

견우牽牛 · 49, 135

견우·직녀牽牛織女 · 135~138

견융국犬戎國 · 73, 76

『경화연』鏡花綠 · 128, 153, 154, 157,
      158, 164, 197

『고경기』古鏡記 · 31, 138

『고본산해경도설』古本山海經圖設 · 82

고조선 · 163~165

「곤륜노」崑崙奴 · 123

곤륜산崑崙山 · 32, 41, 42, 89, 92, 94, 96,
      146, 148, 153, 169, 172

과보夸父 · 186, 187

곽박郭璞 · 75, 76, 93, 134

「곽소옥전」霍小玉傳 · 123

관음보살 · 89, 173

관흉국貫胸國 · 64

『괴기조수도권』怪奇鳥獸圖卷 · 78, 81

구망句芒 · 53

구미호九尾狐 · 128, 151~153

구양순歐陽詢 · 143

구우瞿佑 · 123

구의산九疑山 · 60, 61

군자국君子國 · 128, 154, 157, 164, 165

궁기窮奇 · 74, 132~134

궁선窮蟬 · 178

「규염객전」虯髥客傳 · 123

그림Grimm 형제 · 15

금강산 · 102, 171

『금병매』金瓶梅 · 125, 126

『금오신화』金鰲新話 · 124, 173

금충琴蟲 · 166

기夔 · 185

「기몽」記夢 · 168

김시습金時習 · 124, 173

ㄴ

나관중羅貫中 · 125

「남가태수전」南柯太守傳 · 123

〈내경도〉內經圖 · 84

『노사』路史 · 31

노신魯迅 · 72, 73, 120

뇌신雷神 · 56

늠군廩君 · 43, 44, 47, 48, 195

ㄷ

다구공多九公 · 128, 154

단군신화 · 172

단학파丹學派 · 170, 172

달기妲己 · 128, 151, 153

당오唐敖 · 128, 154, 155, 158

『대당신어』大唐新語 · 122

대모신大母神 · 20, 40, 42, 181

덕흥리德興里 고분 · 186, 187, 189

도삭산度朔山 · 111, 177

도연명陶淵明 · 71, 72, 97

『도장』道藏 · 31

도찬圖讚 · 76, 93

도철饕餮 · 110

도철문饕餮紋 · 110

「독산해경」讀山海經 · 72, 170

「독한무제고사」讀漢武帝故事 · 170

『동국세시기』東國歲時記 · 176

『동명기』洞冥記 · 31

동방삭東方朔 · 130, 131

동영董永 · 134~137

동왕공東王公 · 93, 94

동이계東夷系 · 26~28, 32, 43, 45, 163,
    172, 187

「동해송」東海頌 · 184, 185

뒤랑Gilbert Durand · 17, 36

드브레Régis Debray · 100

등사기騰蛇旗 · 190

ㄹ

레비스트로스Claude Lévi-Strauss · 13, 17

로고스logos · 11

링컨Bruce Lincoln · 17

ㅁ

마고麻姑 · 154

마창의馬昌儀 · 82

만세萬歲 · 187~189

말리노프스키Bronis Malinowski · 14, 17

매지권買地券 · 182

『목천자전』穆天子傳 · 31, 72, 91, 146

묘만계苗蠻系 · 26~28

무군巫君(shaman king) · 117

무녕왕릉武寧王陵 · 182

무용총舞踊塚 · 167

문신門神 · 111, 176

문창성文昌星 · 169, 173

뮈토스mythos · 11

뮐러Max Müller · 16

미솔로지mythology · 12

미스myth · 11, 12

ㅂ

바르트Roland Barthes · 17

『박물지』博物志 · 31, 121, 154

박보樸父 · 37

반고盤古 · 37~40, 53, 83, 84, 195

「반도부」蟠桃賦 · 170

반도원蟠桃園 · 96, 147

『반지의 제왕』 · 145

〈반차도〉班次圖 · 189

발해 · 26, 163, 184

방격규구신수문경方格規矩神獸紋鏡 · 182

백두산 · 166, 167

백록白鹿 · 86, 87

백익伯益 · 75

백제금동대향로 · 184

백택白澤 · 100, 101, 190, 191

백택기白澤旗 · 190

백화선자百花仙子 · 153, 154

「베포도업침」 · 172

「보강총백원전」補江總白猿傳 · 122, 138, 140, 143

보천욕일補天浴日 · 181

복희伏羲 · 41, 42

봉래산蓬萊山 · 153, 170, 184

『봉신연의』封神演義 · 127, 128, 145, 150, 153, 173, 197

부혜鳧徯 · 188

북두칠성 · 177, 178

불함不咸 · 165, 166

불함문화론不咸文化論 · 17

비교신화학 · 16, 17, 49

비렴飛廉 · 167

비질蜚蛭 · 165, 166

ㅅ

『사기』史記 · 131

사대기서四大奇書 · 125

사명신司命神 · 177

사오정沙悟淨 · 126

사이드E. W. Said · 64

『산해경』山海經 · 31~33, 62, 71~78, 81, 82, 90, 93, 120, 121, 123, 130~133, 140, 152~154, 157, 158, 163, 165, 167, 168, 185, 186, 188, 189, 196

『산해경도』山海經圖 · 77

『산해경도찬』山海經圖撰 · 93

『산해경석의』山海經釋義 · 77

『산해경전소』山海經箋疏 · 77

『산해경존』山海經存 · 77

『산해경회도전상』山海經繪圖全像 · 77

『삼국연의』三國演義 · 125

『삼국지』三國志 · 31

삼시충三尸虫 · 177, 179, 180

삼신산三神山 · 171, 184

삼실총三室塚 · 186, 187

삼장법사三藏法師 · 126

상류相柳 · 80

상상지리학(imaginative geography) · 64, 132

상수湘水 · 49, 59, 60

상희常羲 · 49~52, 195

『서경』書經 · 31

서아舒雅 · 77

서왕모西王母 · 51, 52, 89~99, 146, 147, 152~154, 169~172, 177, 189, 196

『서유기』西遊記 · 125, 126, 128, 144~147

『석두기』石頭記 · 150

선양禪讓 · 57, 61, 62, 196

선화仙話 · 15

설契 · 43

설화 삼분법 · 15, 16

「섭은낭」聶隱娘 · 123

섭이국聶耳國 · 64

성수 신화星宿神話 · 169

「성조成造풀이」 · 172

『세설신어』世說新語 · 122

소소생笑笑生 · 126

소인국小人國 · 128, 154

소호少昊 · 54, 173

손오공孫悟空 · 126, 144, 147, 148

손작운孫作雲 · 167

수경신守庚申 · 180

『수신기』搜神記 · 31, 121, 130, 134, 141

『수신후기』搜神後記 · 105

『수호전』水滸傳 · 125, 126

숙신肅愼 · 165, 166

순舜 · 43, 57~62, 196

『술이기』述異記 · 31

스토리텔링 · 22, 118, 119, 129, 137, 153, 197, 198

『습유기』拾遺記 · 31

『시경』詩經 · 135

시내암施耐庵 · 126

신괴류神怪類 · 31, 121, 122, 128, 138

신도神荼 · 111, 177

신도비神道碑 · 181

신마소설神魔小說 · 126, 128, 145, 148

신선류神仙類 · 122

『신선전』神仙傳 · 122

『신이경』神異經 · 31, 130~133, 154, 158

신체 화생身體化生 · 40, 84

신플라톤주의Neoplatonism · 14

신화 만들기(myth making) · 62

신화소神話素 · 17, 88

신흠申欽 · 170

심의沈義 · 170

ㅇ

아황娥皇 · 49, 59

안압지雁鴨池 · 184

애정류愛情類 · 122, 123

애제哀帝 · 96, 97

「앵앵전」鶯鶯傳 · 123

야훼 · 38, 40, 41

언어질병설 · 16

엘리아데Mircea Eliade · 12, 16, 17

여아국女兒國 · 128, 154, 158

여영女英 · 49, 59

여와女媧 · 37, 40~42, 127, 148~151, 172, 173, 181, 195

『여와전』女媧傳 · 173

여자국女子國 · 64, 66, 76

『열선전』列仙傳 · 122

염신鹽神 · 47, 48

염제炎帝 · 4, 27, 53, 55, 173, 186

염화산炎火山 · 90, 148

영사소설影射小說 · 143

예羿 · 26, 43~45, 51, 177, 195

오경재吳敬梓 · 127

오방신五方神 · 53, 196

오승은吳承恩 · 126, 145

오임신吳任臣 · 77

옥산玉山 · 89, 97

옥토끼 · 52

옹顒 · 188

왕도王度 · 122, 138, 139

왕모낭낭王母娘娘 · 99

왕불汪紱 · 77

왕숭경王崇慶 · 77

요堯 · 43~45, 57~62

『요재지이』聊齋志異 · 124

요지瑤池 · 92, 96, 153

〈요지연도〉瑤池宴圖 · 98

욕수蓐收 · 54

우사雨師 · 49, 172

우禹 · 43, 57, 60~62, 74, 75, 80, 100~
    102, 196

우의寓意(allegory) · 14, 16

우의설寓意說 · 16

운사雲師 · 49, 172

울루鬱壘 · 111, 177

유리琉璃 · 45, 80, 105

『유림외사』儒林外史 · 125, 127

『유명록』幽明錄 · 31

유선遊仙 · 170

유선시遊仙詩 · 170, 171

『유설』類說 · 31

『유양잡조』酉陽雜俎 · 31

유의경劉義慶 · 122

「유의전」柳毅傳 · 123

유향劉向 · 122, 136

육대기서六大奇書 · 125

융Carl G. Jung · 13, 17

음양오행설陰陽五行說 · 55, 93, 94

의자손수대경宜子孫獸帶鏡 · 182

『이견지』夷堅志 · 31

이여진李汝珍 · 128, 153

「이와전」李娃傳 · 123

이조위李朝威 · 123

이항구조二項構造 · 17

인면조人面鳥 · 4, 188, 189

인신연애人神戀愛 · 175

임전任錪 · 170

임춘林椿 · 168

ㅈ

장비국長臂國 · 64

장승요張僧繇 · 76, 77

장응호蔣應鎬 · 77

장화張華 · 121

장회소설章回小說 · 125, 127, 145, 197

저인국氐人國 · 64

저팔계豬八戒 · 126

『전기』傳奇 · 31

『전등신화』剪燈新話 · 123

『전상산해경도비교』全像山海經圖比較 · 82

전욱顓頊 · 54, 179

정두경鄭斗卿 · 171

제강帝江 · 37, 73, 78, 79

『제왕세계』帝王世繫 · 31

제준帝俊 · 26, 32, 50

『조선도교사』 · 176

조설근曹雪芹 · 127, 148

조왕 단지 · 180

조왕신竈王神 · 177~180

주鵃 · 188

주몽朱蒙 · 45, 172

주왕紂王 · 128, 150~153, 173

주작朱雀 · 86, 87

주周 목왕穆王 · 91~93, 146, 147

『중국 소설의 역사적 변천』 · 120

『증보회상산해경광주』增補繪像山海經廣
注 · 77

지리박물류地理博物類 · 121, 128, 154

직녀織女 · 49, 135~137, 154, 175

진린陳璘 · 181

진숙보秦叔寶 · 111

집단무의식 · 13, 17

ㅊ

창힐蒼頡 · 106

천오天吳 · 185

천인합일天人合一 · 84, 196

체내신體內神 · 85~87

『초사』楚辭 · 27, 31

촉룡燭龍 · 37

최남선崔南善 · 17, 164

축융祝融 · 27, 53

「취유부벽정기」醉遊浮碧亭記 · 173, 175

측천무후 · 128, 153, 154

치우蚩尤 · 27, 43, 109~111, 176, 187

「침중기」枕中記 · 123

ㅋ · ㅌ

캠벨Joseph Campbell · 14

탕湯 · 43

태백금성太白金星 · 148

태양신화학 · 16, 49

태음신화학파 · 49

『태평경』太平經 · 85

『태평광기』太平廣記 · 31, 123

태호太皥 · 53, 56, 173

토백土伯 · 182

퇴조비退潮碑 · 184

ㅍ

파랑새 · 90, 96, 170

파뷸라fabula · 11

파巴 · 43, 47, 195

포송령蒲松齡 · 124

풍백風伯 · 49, 167, 172

『풍속통의』風俗通義 · 31

풍자류諷刺類 · 122, 123

프레이저J. G. Frazer · 16, 17

프로메테우스 · 37, 40

프로이트Sigmund Freud · 16

플로티노스Plotinos · 14

필원畢沅 · 77

ㅎ

하백河伯 · 49, 172

학의행郝懿行 · 77

『한무내전』漢武內傳 · 31

『한서』漢書 · 31

한漢 무제武帝 · 96, 131

항아姮娥 · 49~52, 151, 153, 154, 168, 169, 171, 173~175, 196

『해내십주기』海內十洲記 · 31

해리슨Jane Harrison · 17

허난설헌許蘭雪軒 · 99, 170, 171

허목許穆 · 184, 185

허중림許仲琳 · 128, 150

헤라클레스 · 43

『현괴록』玄怪錄 · 31

현명玄冥 · 54

형천刑天 · 73, 77

호경덕胡敬德 · 111

호문환胡文煥 · 77, 78

호협류豪俠類 · 122, 123

『홍루몽』紅樓夢 · 125, 127, 145, 148~ 150, 153, 197

홍생洪生 · 173, 175

화본소설話本小說 · 124, 125

화염산火焰山 · 126, 148

화하계華夏系 · 26, 28

황제黃帝 · 26, 53, 55, 100~104, 106,
109, 111, 138, 139, 173, 185, 187, 191

『회남자』淮南子 · 31, 38, 84

효양국梟陽國 · 141

『효자전』孝子傳 · 136

후직后稷 · 43~45, 47

후토后土 · 54

『후한서』後漢書 · 31

훈화초薰華草 · 157, 164

흑치국黑齒國 · 128, 154

희화羲和 · 49, 50, 181, 195